法商智慧丛书
法商智慧教育研究院　组编

不败的交易

企业家的法商智慧

年鹤童　著

清華大學出版社
北京

图书在版编目（CIP）数据

不败的交易：企业家的法商智慧 / 年鹤童著. —北京：清华大学出版社，2023.9
（法商智慧丛书）
ISBN 978-7-302-64551-1

Ⅰ. ①不…　Ⅱ. ①年…　Ⅲ. ①企业管理－企业法－基本知识－中国　Ⅳ. ①D922.291.91

中国国家版本馆CIP数据核字(2023)第167112号

责任编辑：朱玉霞
封面设计：徐　超
版式设计：方加青
责任校对：王荣静
责任印制：刘海龙

出版发行：清华大学出版社
网　　址：http://www.tup.com.cn，http://www.wqbook.com
地　　址：北京清华大学学研大厦A座　　邮　　编：100084
社 总 机：010-83470000　　邮　　购：010-62786544
投稿与读者服务：010-62776969，c-service@tup.tsinghua.edu.cn
质 量 反 馈：010-62772015，zhiliang@tup.tsinghua.edu.cn
印 装 者：三河市东方印刷有限公司
经　　销：全国新华书店
开　　本：155mm×230mm　　印　　张：12　　字　　数：164千字
版　　次：2023 年 9 月第1版　　印　　次：2023 年 9 月第1次印刷
定　　价：69.00元

产品编号：100121-01

序一

田思源：法律打败焦虑

企业家近几年的日子不好过。

三年疫情，全球经济遭受重创。我国在后疫情时代虽然迎来了短暂的经济回暖，但是很快就显现出某种程度的市场疲软。经济有周期性，我们不得不承认，今天的中国面临着严峻的局面。

恒大、碧桂园、中植系，这些行业巨头在国家大力救市的环境下还是困难重重；小企业生存更加艰难，据发改委统计 2023 上半年关闭企业 46 万家；商业银行集体持续下调存款利率，中国已经进入“低利率时代”；金税四期开发完毕随时可以投入使用，标志着国家收紧“税务口”；中央多次释放信息，让我们推测“富人税”可能即将到来；中国法治建设进入新阶段，对企业家守法合规经营提出更高要求；离婚率居高不下，企业家面临着财富被分割的风险；财多子众，一代企业家普遍到了家业与企业双传承的年纪，如何规划财富迫在眉睫……这一切在经济下行的今天迎面呼啸而来，企业家能不焦虑吗？

面对焦虑，企业家该如何“自救”？让上帝的归上帝，让恺撒的归恺撒。

面对市场疲软、利率持续走低、投资渠道变少、经济进入慢行道的现实，企业家要及时调整经营思路，应对市场变化；与此同时，企业家亦应当意识到，在当下风高浪急的市场环境中，要充分运用法律工具进行自我保护，守护、传承好企业和家业。

法治社会的到来，要求企业家必须知法懂法。知法才能守法，懂法才能用法。

2021 年正式实施的《民法典》是中国法治建设的一个重要里程碑。《民法典》更加注重保护公民私人财富与维护公民财产权利；注重市场经济中交易的公平与秩序；注重家庭维稳、家风传承及对妇女儿童的保护。对企业家而言，《民法典》既是守护私人财富的重要宝典，也是规范经营行为、家庭活动的头顶金箍。

法商之道系列丛书，正是从中国企业家角度出发，筛选出与家庭、企业密切相关的重点法律知识进行讲解，以案例为切入点，为各位企业家朋友提示风险雷区，并提出法律建议，以期为其私人财富管理提供全方位的法律支持。

企业家的焦虑，源自缺乏安全感。研读法商智慧系列丛书，用法律打败焦虑，守护幸福人生。

田思源

清华大学法学院教授、博士生导师
中国法学会法律咨询中心专家委员会委员

序二

林健武：长期主义

改革开放以来，我国经济高速发展。我们只用了四十多年就走过了西方几百年才走完的创富之路。中国已成为世界第二大经济体，2023 年胡润全球富豪榜显示，中国拥有亿万富豪的人数居全球第一。

中国人勤劳、有智慧、肯吃苦、爱打拼，第一代企业家创造了巨额财富。但是，由于缺乏守富、传富的理念和经验，在现实中出现了大量企业虎头蛇尾、雪泥鸿爪，无以为继的现象。据统计，中国民营企业的平均寿命只有 3.7 年，而邻国日本百年老店比比皆是，甚至有些企业千年不衰。“追求企业历久弥新，避免家族富不过三代”，这是中国企业家需要深刻思考的问题。

创造财富固然重要，但守富、传富更加重要。不懂守富，创造再多财富都是过眼云烟；不懂传富，奋斗一生打下的财富江山亦是昙花一现。一代企业家践行“创富—守富—传富”经营理念并传承给二代，二代谨记遵循并继续向下传承，如此代代相传，才能推动事业发展壮大、财富持续积累。

2022 年《胡润财富报告》提示了两个重要信息：一是中国可支配资产达到 600 万元的富裕家庭已达到了 518 万户；二是未来二十年将有 51 万亿元的财富面临传承。所以，未来高净值人群守富、传富的现实需求越发迫切，与之相对应的法律、税务及金融知识正是刚需。

鉴于此，清华大学出版社和法商智慧教育研究院精心策划了“法商智慧系列丛书”。丛书专注于挖掘以企业家为主要群体的高净值人群在财富管理与传承中存在的各种风险，并提出守护家族财富的最佳方案。该丛书的作者都是活跃在财富管理领域的执业律师、法学教授、金融教授、财税专家，拥有丰富的企业合规、尽职调查、合同审拟、税务筹划、传承规划、诉讼执行等实操经验。他们以敏锐的职业嗅觉，迅速捕捉财富管理领域的最新资讯，将法律与国家政策相结合，致力于为高净值人士提供从创富到守富、传富各阶段的风险规避及解决方案。

授人以鱼不如授人以渔。企业家肩负的绝非仅是其个人和家族的荣耀，更是民族使命。真心希望丛书能够启迪中国企业家秉持长期主义的经营思想，让中国拥有越来越多的百年老店、国际品牌；让中国的企业亦能固若金汤，傲立于世界之林！

清华大学经济管理学院金融系副教授
深圳市孔雀计划专家和市政府财经决策咨询委员会专家
国际金融工程师协会（IAFE）风险管理委员会委员

自序

我经常会接到身边企业家朋友的法律求助电话。他们生活智慧丰富、商业天赋出众，但法律常识十分匮乏，这使我感到遗憾。如果他们有法律知识“加持”，可能会轻松绕开商业陷阱，取得更大成就。

企业家离不开“交易”——成功的交易带来利润，失败的交易造成损失。而交易的重点在于合同，合同的设计与执行是交易成败的关键。合同有很多种类，但纠纷的产生不外乎两点：一是对方违约，不给钱；二是自己违约，没钱给。

笔者通过大量合同纠纷案件，总结出企业家在订立合同、处理纠纷、诉讼执行等一系列活动中的关键点，告诉各位企业家应当如何设计合同、应对违约，以及当不得不通过诉讼来解决问题时，该怎样去最大程度维护自己的权利。

本书分为三个篇章。

第一篇讲的是订立合同阶段，企业家应当关注的内容。比如，如何选择靠谱的合作伙伴，如何设定利己的合同条款，以及合同签订后如何跟踪履行确保合同目的实现。

第二篇讲的是当合同履行出现问题时，企业家该如何应对违约。比如，是否选择诉讼、怎样固定证据，以及如何保全财产。

第三篇讲的是当拿到了法院判决后，如何实现“纸面上的正义”，避免“赢了官司输了钱”。告诉企业家如何启动执行程序中的雷霆手段，让老赖无处可逃。

本书搜集了114个案例，代表了当前司法实践的主流观点。笔者期望通过案例讲解，将晦涩难懂的法律知识生动地展现给各位读者，提高各位企业家朋友的法律意识和交易智慧。愿本书成为您的工具书、口袋书，愿法律成就您不败的交易。

年鹤童

2022年12月3日

目录

第一篇 完美的合同

一、尽职调查 / 2

1. 工商登记资料 / 2
2. 公司成立时间、住所 / 6
3. 认缴出资与实缴出资 / 6
4. 法定代表人 / 8
5. 企业对外经济合同 / 9
6. 关联企业 / 9
7. 企业对外法律纠纷 / 10

二、签字与盖章 / 11

1. 签字与盖章的效力 / 11
2. 无效印章 / 13
3. 空白合同 / 15
4. 法定代表人签字的效力 / 16

三、合同内容 / 18

四、管辖条款 / 22

1. 仲裁条款 / 22
2. 管辖权法律规定 / 24

五、违约责任 / 26

1. 违约条款的设立 / 26

2. 继续履行 / 28
3. 补救措施 / 30
4. 定金、违约金与违约损害赔偿金 / 30
六、违约方解除权 / 36
七、设立担保 / 41
1. 抵押 / 41
2. 质押 / 43
3. 留置权 / 43
4. 一般保证和连带保证 / 44
5. 担保无效 / 45
6. 公司担保 / 47
7. 让与担保 / 49
8. 未登记抵押 / 50
八、履约跟踪 / 53
1. 跟进合同履行 / 53
2. 关注关联事件 / 54
3. 法定代表人、股东、实际控制人涉嫌刑事犯罪 / 54
4. 关注关联企业运营情况 / 56
5. 关注对方涉诉情况 / 56

第二篇

|||| 高效的诉讼 ||||

一、诉与不诉 / 58
二、及时起诉 / 64
1. 诉讼时效 / 64
2. 诉讼时效的起算 / 66
3. 诉讼时效的中止、中断及最长权利保护期间 / 67
4. 不动产物权、登记动产物权不适用诉讼时效 / 69

三、证据为王 / 70
1. 证据虽好，不能有瑕疵 / 70
2. 谁主张、谁举证 / 72
3. 举证责任倒置——专利权纠纷 / 72
4. 证据规则 / 73
5. 举证期限 / 75
6. 证据种类 / 76
7. 固定证据 / 79
8. 证据保全 / 81
四、财产保全 / 84
1. 是否保全 / 85
2. 诉前保全 / 86
3. 财产保全的种类和方法 / 87
4. 保全置换 / 89
五、刑民交叉 / 91

第三篇
有力的执行

一、申请执行 / 100
1. 执行依据 / 100
2. 执行时效 / 101
3. 申请恢复执行 / 103
4. 强制执行的内容 / 103
5. 迟延履行金 / 105
6. 申请执行需要提交的材料 / 106
二、金钱债务强制执行 / 107
1. 私力救济的法律风险 / 107
2. 悬赏公告 / 108

3. 对收入的执行 / 109
4. 对股票、债券、基金份额的执行 / 110
5. 对保险的执行 / 110
6. 对不动产的执行 / 112
7. 对小产权房、无证房与转让受限的登记房产的执行 / 112
8. 对预售商品房的执行 / 113
9. 对知识产权的执行 / 114
10. 对车辆的执行 / 114
11. 对股权的执行 / 115
12. 对第三人债权的执行 / 115
13. 对夫妻共有房产的执行 / 116
14. 对其他共有房产的执行 / 117
15. 对共有车辆及其他动产的执行 / 117
16. 被执行人预留份额 / 117
三、行为义务强制执行 / 119
1. 代履行 / 119
2. 对返还财产的执行 / 120
3. 对恢复原状的执行 / 122
4. 对更换、重做，继续履行的执行 / 124
四、强制措施 / 130
1. 限制消费 / 130
2. 列入失信被执行人名单 / 132
3. 限制出境 / 136
4. 拒不执行判决、裁定罪 / 138
五、执行中止 / 142
1. 中止执行 / 142
2. 暂缓执行 / 143
3. 再审 / 144

4. 执行异议 / 145
5. 执行异议之诉 / 146
6. 第三人撤销之诉 / 147
7. 执行和解 / 148
六、参与分配与移送破产 / 149
1. 申请时间 / 150
2. 申请材料 / 152
3. 参与分配规则 / 154
4. 执行转破产 / 156
七、追加被执行人 / 162
1. 个人独资企业与投资人 / 162
2. 个体工商户与经营者 / 164
3. 农村承包经营户与经营者 / 165
4. 合伙企业与合伙人 / 166
5. 法人分支机构与法人 / 166
6. 其他组织与责任承担者 / 168
7. 未履行出资义务者 / 168
8. 抽逃出资者 / 169
9. 一人有限责任公司 / 169
10. 公司注销前的股东清算责任 / 172
11. 公司注销过程中的第三人承诺 / 173
12. 法人或其他组织与无偿受让财产者 / 174
13. 执行程序中的第三人承诺 / 175
14. 追加被执行人的配偶 / 176

第一篇

完美的合同

一、尽职调查

商业交易中的风险不外乎三种：一是被诈骗的风险；二是合作方违约的风险；三是违约方无力赔偿的风险。为了避免商业风险，企业家一定要谨慎选择合作伙伴。

“尽职调查”是企业收购过程中的重要环节。在企业家选择合作伙伴时，“尽职调查”也发挥着巨大作用。企业家在选择合作伙伴、进行商业活动前，应尽最大能力对对方进行专业化调查，以判定对方是否值得信任，决定是否与其合作。

合作伙伴的信用与能力是核心。两者与资产常常有着正向对应关系。信用好、能力出众，资产状况通常不会差；资金越雄厚，越能反映出合作伙伴的信用与能力。我们主要根据对方的财产登记、财务报表、经营时间、商业案例、涉诉情况、投资关系、关联企业等方面的调查来综合判断。

首先应查阅对方法律公示信息，包括工商登记、不动产登记、税务资料、诉讼信息等。然后用我们自己的学识、经验、逻辑及怀疑精神，根据了解到的或真或假的信息去推断、怀疑并验证怀疑，从而不断接近事实的真相。

尽职调查需要对全方位的信息进行调查，包括法律、管理、财务、审计、知识产权等方面。本书主要跟大家介绍与法律相关的内容。

◆ 1. 工商登记资料

重点关注企业性质，成立时间、投资者及出资情况、企业住所、法定代表人等信息。可以委托律师到工商管理部门查询企业的工商档案。

企业依照性质分为三类：公司、个人独资、合伙。企业性质不同，投资者在法律上的义务也不同。

（1）企业性质之一——公司

公司有两种类型：有限责任公司和股份有限公司。无论哪一种类型，都遵循一个原则，即公司独立于股东、法定代表人而存在。公司有独立的法律人格。直白点说，公司是公司，股东是股东，法定代表人是法定代表人，三者区分开来，不能混为一谈。公司欠债，股东不用还，法定代表人也不用还。

《公司法》规定：股东以认缴的出资额或认购的股份为限对公司承担责任。因此，股东在足额出资后即完成了义务，无须再为公司的债务承担任何责任。该规定也可从反面推出这样的结论：如果股东出资不实，或出资后又抽逃出资，那么股东就要在不实或抽逃的出资额范围内对公司债务承担责任。

有限责任公司中有一种特殊形式——“一人公司”，即只有一个股东投资设立的公司。因为只有一个股东，所以股东说一不二，很容易操纵公司，很难做到股东与公司的区分和独立。为了避免公司和股东混为一谈，法律要求一人公司的股东必须要证明自己的资产与公司的资产是互相独立的，否则就视为二者混同，股东就要对公司债务承担连带责任。

案例 1　　有限责任公司

2017 年 1 月 1 日，甲有限责任公司成立。公司章程规定：甲公司股东有 A、B 两人，公司注册资本人民币 100 万元，两股东各自认缴人民币 50 万元，于 2018 年 5 月 1 日前出资到位。2019 年 8 月，甲公司与乙公司签订购买木材合同，后甲公司违约，乙公司起诉。

经法院判决：甲公司赔偿乙公司 100 万元。执行中发现，甲公司财产不足以清偿上述债务。

【案例分析】

甲公司具有独立的法律人格。甲公司欠债100万元，应由甲公司独立承担赔偿责任。A、B二人作为股东无须对该债务承担责任。如果甲公司资不抵债，案件无法执行，则可启动破产清算程序。我们为说明问题，做几种假设：

假如案例中股东A只出资了20万元，那么在甲公司的财产不足以清偿债务时，乙公司起诉要求A在未出资范围（30万元）内对公司债务承担责任，会得到法院支持。

假如案例中股东B在出资后，又私下拿回20万元自用，那么乙公司也可起诉要求B在抽逃出资范围（20万元）内对公司债务承担责任，也会得到法院支持。

假如甲公司是A自己投资成立的一人公司，在甲公司无力偿还乙公司债务时，A必须证明甲公司财产独立于A个人财产，方能免于承担连带赔偿责任。如果A无法自证清白，则推定A与甲公司财务混同，A对100万元债务承担连带清偿责任。

（2）企业性质之二——个人独资企业

个人独资企业由一人投资设立，企业财产归投资人个人所有，投资人对企业债务承担连带责任。个人独资企业与一人公司都是只有一个投资人，个人独资企业出资人叫投资人，一人公司出资人叫股东。个人独资企业投资人对企业债务承担无限连带责任；而一人公司股东只在无法证明个人财产独立于公司财产时，才对公司债务承担责任。从责任形式上看，一人公司对出资者的保护更大。相应地，法律对一人公司的要求也更加严格，从一人公司设立、解散、规章制度设定、运营管理、税收等各方面都比对个人独资企业有更多规范要求。个人独资企业的创设与管理则更加简单、灵活和自由。

案例 2　　个人独资企业

甲企业性质是个人独资企业，投资人是A。乙公司是一人公司，股东是B。甲企业与乙公司签订了买卖合同，后因甲违约需支付乙公司人民币100万元。乙公司起诉甲和A，要求甲支付违约金100万元，并要求A承担连带责任。法院判决支持了乙公司的诉讼请求。

【案例分析】

因为甲是个人独资企业，A作为出资人应对企业的债务承担无限连带责任。

假如违约情况相反，甲起诉乙公司与B，要求乙公司支付违约金100万元，并要求B承担连带责任。那么B是否要对乙公司债务承担责任，取决于B能否提供证据证明乙公司与B个人财产相互独立。如果能够证明，则B不需要承担连带责任。如果证明不了，就要承担连带责任。

（3）企业性质之三——合伙

合伙分为普通合伙和有限合伙。普通合伙中所有合伙人都对合伙企业债务承担无限连带责任。

有限合伙中的合伙人分两种，一种是有限合伙人，他们在其认缴的出资额范围内对企业债务承担责任（类似于有限责任公司的股东责任）；另一种是普通合伙人，他们对企业债务承担无限连带责任。

案例 3　　有 限 合 伙

甲企业是有限合伙企业。合伙人中A、B是有限合伙人，已足额认缴出资20万元。C是普通合伙人。乙企业是普通合伙企业，合伙人为D和E。甲、乙两企业签订合同，后甲违约。乙起诉要求甲支付100万元违约金，A、B、C三人承担补充清偿责任。

法院最终判决甲企业应支付100万元违约金，C承担补充清偿责任。

【案例分析】

C 作为甲企业中的普通合伙人，应对企业债务承担无限连带责任。应先用甲企业的全部财产进行清偿，不足部分由 C 负责清偿。而 A、B 作为有限合伙人，因其已实际缴清认缴的出资份额，故对于甲企业无法清偿的部分，无须再承担责任。

假如案例中乙企业违约，甲可以起诉要求乙支付 100 万元违约金，D、E 二人承担补充清偿责任。若乙财产不足以清偿债务时，法院可以执行 D、E 的财产以清偿债务。

◆ 2. 公司成立时间、住所

通过查看企业成立时间，考察企业住所地，了解企业住所地与办公场所是否是一致，是否经常变更实际经营地，办公场所是买的还是租的，租约多久，企业成立时间与办公场所租约是否契合。这些情况有助于判断一个企业的信用与资产。对于一些成立时间短、办公场所租约短、经常变更实际经营地，“打游击”的企业，要格外谨慎。而对那些自有物业，经营时间久的企业则可以认为信誉度良好。

◆ 3. 认缴出资与实缴出资

（1）公司

认缴出资与实缴出资是不同的。股东认缴出资，是股东对公司做出的承诺，意味着股东愿意为公司出多少钱。实缴出资则是股东已经为公司出了多少钱。所以，注册资本高，并不意味着公司就“有钱”，因为股东可能只是开了个“空头支票”，并没有实际向公司注资。

我国最早开办公司是“实缴制”的，就是说股东必须真金白银拿出足额的钱（注册资本）才可以设立公司，所以最早一批公司的经济实力还是比较强的。但随着经济发展，很多人没有启动资金但也想开公司。国家为了刺激经济，从 2014 年开始采取“认缴制”——股东想要开公司，只需要“认缴出资”即可。简单地说，就是注册资本没到位，但公司可以先开起来，股东只要在承诺的出资期限届满前把认缴的出资额出到位即可。这个政策一开始，对创业者来说是个巨大利好消息——没钱也能开公司了！一时间，公司如雨后春笋大批涌现，一方面确实带动了经济繁荣；但另一方面也产生极大问题——由于不需要实缴，设立公司成本极低，于是市面上出现大量空壳公司、皮包公司。这些公司毫不负责任，严重扰乱了经济秩序。

为了遏制这一现象，2023 年十四届全国人大常委会第五次会议提出了《公司法（修订草案三次审议稿）》，拟将现行的“认缴制”改为“股东必须在五年内缴足出资”。但是，会议并未通过该草案。截至本书付梓，该草案仍在征求意见中，尚未有定论。

如果该草案得以通过，那就意味着，以后创办公司，股东需要在 5 年内将其认缴的出资金额出资到位。这一举措，会极大提高公司的资产能力，同时也意味着，设立公司的门槛又提高了。

鉴于新政策尚不明朗，且即使新政实施，亦需要较长的时间来“整顿市场”，现在市面上还是存在大量的空壳公司。故提醒各位企业家，在订立经济合同之前，应当认真审查对手公司的资本情况，了解其注册资本是多少、股东实缴出资是多少。如果注册资本高、实缴资本低、出资期限很长，那么应当引起注意，要进一步考察对方的资产能力及履约诚意。一旦真的遭遇违约，要及时申请该公司破产。根据《破产法》，人民法院受理破产申请后，出资人的出资义务将加速到期。即是说，虽然公司章程规定的出资期限还没到，但股东不再享受期限利益，应当立即补足其认缴出资，用于偿还公司债务。

案例 4　　空壳公司

2019 年 1 月 1 日，A、B 投资设立甲公司，章程规定公司注册资本人民币 100 万元。A 认缴 60 万元，实缴 0 元；B 认缴 40 万元，实缴 0 元。出资期限均为 2045 年 1 月 1 日。甲公司后来与乙公司签订了一份买卖合同。甲未履行，依合同需支付乙公司违约金人民币 100 万元，甲公司无力支付。经调查，甲公司名下没有任何财产。

【案例分析】

既然甲公司是空壳公司，即使乙公司起诉并获得胜诉判决，也执行不到任何财产。故此时乙公司可直接申请甲公司破产。破产程序中，A、B 的出资义务会加速到期，即是说 A、B 要补足 100 万元出资，加大了乙公司债权实现的可能性。

在认缴制下，虽然股东没有实缴出资，但是其认缴的出资额度仍然有意义。在调查企业信息时，应该予以关注。股东认缴的额度、是否有出资的能力，都是调查中要考量的重要因素。

（2）个人独资企业与合伙企业

个人独资企业的投资人、合伙企业的普通合伙人对企业债务承担无限连带责任，所以投资人、普通合伙人的经济实力尤为重要。在调查时要对他们的个人经济情况进行了解。

对有限合伙企业应给予特别的关注。因为有限合伙人是有限责任，有些合伙企业为了壮大企业声势，故意拉进来财力雄厚的人做有限合伙人，而对外只声称其为合伙人，不提醒甚至刻意隐瞒其“有限”身份，迷惑生意伙伴。将来一旦合伙企业欠了债，债权人要求合伙人承担连带责任时才发现，资产雄厚者是有限合伙人，而普通合伙人并没有资产来承担企业欠下的巨额债务。

◆ 4. 法定代表人

公司设有法定代表人，依照公司章程的规定，由董事长、执行董事或经理担任。在民事强制执行程序中，当公司无财产偿还债务时，法院有权对公司的法定代表人采取限制高消费、罚款、拘留等强制措施。一些公司为了规避风险，经常会拉一些老人、无资产的人挂名法定代表人。尽职调查中如果发现公司法定代表人的设置不合常理，匪夷所思或经常更换，就要对这个公司的信用打个问号。

工商的企业登记信息一般只公开法定代表人、股东的姓名，不公开身份证件信息。在尽职调查中，应获取法定代表人、股东身份证件信息，以备将来不时之需。在强制执行程序中，法院对公司法定代表人、主要负责人、债务履行直接责任人、实际控制人可以进行限制高消费、限制出境，甚至罚款、拘留。这些强制措施通常需要申请执行人向法院提供上述人员的身份证件信息。

◆ 5. 企业对外经济合同

车辆有核载质量，码头有吞吐量，企业的运营能力也是有限度的。了解企业有哪些正在进行的交易，将标的额总量与企业的综合实力相对比，判断对方是否超负荷运转、有无资金链断裂的风险。同时建议对被调查企业的主要合作伙伴进行进一步调查，判断被调查企业的主要业务合同的履行情况，评估一旦被调查企业遭遇违约，是否会因遭受重创而无力履行合同。

◆ 6. 关联企业

关联企业，是指与其存在直接或间接控制关系或重大影响关系的企业。主要的情形有，A 公司投资设立的 B 公司（控制关系）；A 公司的股东投资设立的 C 公司（一套人马，两个牌子）；A 公司在业务上联系紧密的上、下游公司 D 公司（利益关联关系）；A 公司大股东的夫（妻）、子女（父母）等具有亲属关系的人投资设立的 E 公司（重大影响关系）等。一个企业的经营情况、财务状况恶化，极有可能波及其关联企业，反之亦然。在经济活动中，投资者常常出于各种目的同时设立多家公司，而这些公司成为利益共同体，一荣俱荣，一损俱损。当发现企业存在关联企业时，一定要对其关联企业进行调查。

◆ 7. 企业对外法律纠纷

我国推行司法信息公开，在最高院的网站上可以轻易检索到企业涉诉信息。尽职调查中对相关企业涉诉情况进行检索、归纳，可以了解该企业常见的纠纷类型及征信情况，从而简要判断企业诚信度；同时可知晓该企业目前的债权债务关系状况，这在一定程度上能够反映出企业资金运转情况、大额交易状况；另外，看企业是否存在劳动关系方面纠纷，可以判断出该企业的内部管理水平；最后查询企业及企业关键人物是否存在失信、被限制高消费等情况，综合判断合作过程中可能出现的诸多风险。

二、签字与盖章

法定代表人是公司的内设机构。法定代表人的签字，只要是履行职务的行为，即为公司的意思表示。

公章作为公司的象征，是公司的对外符号凭证。盖章可以理解为公司这一虚拟民事主体的签字。“章是死的，人是活的。”公司这个民事主体也没有思想与行为的能力，因此公章只能借助于特定的自然人方能加盖。对于盖章，有权之人所盖印章视为公司的意思表示。

◆ 1. 签字与盖章的效力

作为公司意思表示的法定代表人签字与盖章效力上并无区别，可独立使用。在判断是否为公司意思表示方面，两者可相互印证、相互补充。

案例 5　　签字盖章都代表公司行为

最高人民法院（2013）民申字第 72 号案件中，北京某公司与机床总公司、牡丹园公司代理合同纠纷一案。案件中的争议焦点为：根据合同中“此协议双方签字盖章后生效”条款，合同的生效条件是否为双方的“签字”和“盖章”同时具备。最高院认为：《协议书》上北京某公司的公章真实，能表明该盖章是北京某公司的真实意思表示；《协议书》有机床总公司的法定代表人签字，且机床总公司并不否认，也可以表明该签字是该总公司的真实意思表示。据此，一审、二审判决认定《协议书》真实有效并无不当。

【案例分析】

最高法院对北京某公司的盖章与机床总公司的法定代表人签字都是公司的真实意思表示的认定并无不当，但是说理部分回避了《协议书》中“此协议双方签字盖章后生效”条款中“签字盖章”含义的分析。我们探究一下，“签字盖章”若为“签字并盖章”的意思，则合同生效条件未成就，合同未生效；“签字盖章”若为“签字或盖章”的意思，则合同生效。此案中，“签字盖章”的真实意思难辨，但根据案件中北京某公司的部分履行、机床总公司的接收行为，也可视为双方通过自己的行为确认合同已经生效，如此论证更有说服力。

案例 6　签字与盖章

最高人民法院（2015）民一终字第 116 号案件中，顺风公司与深发展银行签订了《还款协议》。案件争议的焦点为：协议中的合同生效条件“签字、盖章”之间的顿号应如何理解？是选择其一即可，还是要同时具备？

最高法院认为：关于该协议中的“签字、盖章”中的顿号，是并列词语间的停顿，其前面的“签字”与后面的“盖章”系并列词组，它表示两者间的并列关系，只有在签字与盖章均具备的条件下，该协议方可生效。另从双方当事人签订的《还款协议》内容看，其专门设定了双方加盖公章与负责人签字栏目，在该协议中深发展银行既签署了负责人姓名，也加盖了单位印章，而顺风公司仅有法定代表人签名，未加盖单位印章。由于顺风公司未在《还款协议》上加盖单位印章，不具备双方约定的生效条件，所以协议未生效，深发展银行依据该协议主张权利，事实依据不足。

【案例分析】

最高法院在判决中进行了两项说理，第一项从顿号在语法中的意思和作用出发，略有牵强。作者认为对合同条款的理解，应探究当事人内心的真实意思。顿号的语法意义虽然明确，但是当事人在生活、工作中未必清楚明了，即使了解也未必有足够的警觉性予以区分，以此来判断当事人协议中的真实意思表示不足以反映案件事实。第二段说理从合同的格式上进行推断更有说服力。如果关于“签字”与“盖章”间的关系确实难以判断，可以当作约定不明，视为无约定，从而适用“合同自成立时生效”的法规更有条理。

企业家在订立合同时应用词准确，使用“签字或盖章”，或“签字并盖章”的明确表达，以免产生争议。上述两则案例中，“签字盖章”“签字、盖章”的真实意思表示就产生了争议，最后将解释权交给了法官。签订合同，一字之差，价值千金。

◆ 2. 无效印章

商业活动中，有时会遇见无效印章，包括两种情况：一是章本身有问题，是假章、作废印章、与印章图鉴内容不匹配的印章等；二是虽然是真章，但盖章的人无权使用公章，导致虽然盖了章但公司拒不承认盖章效力。

公章真伪，合同相对人常无法判断，但盖章人很清楚。即使是无效印章，如果盖章人是有权代理人、法定代表人，合同相对人就有理由相信公章的真实性，法律保护相对人合理信赖利益。如果公司的有权代理人或法定代表人故意使用假章后，又以印章无效为由否认合同效力，是不诚信行为，法律不予支持。

所以，印章是否“有效”，最根本的在于盖章之人是否“有权”——有权之人，加盖假章合同也有效；无权之人，加盖真章合同也无效。

案例 7　无效印章，有效

（2019）最高法民申 2433 号，柴某与江建公司、段某、江建公司亳州分公司民间借贷纠纷一案，争议焦点为：段某在借条上加盖江建公司亳州分公司印章行为是个人行为，且印章是伪造的，江建公司是否应承担清偿责任？

最高院认为：段某是江建公司发文任命的分公司副经理，即使段某与江建公司之间无劳动关系，就段某对外以江建公司亳州分公司副经理名义从事的与亳州分公司经营有关的事务之事实来看，江建公司仍应承担相应的法律后果。即使所盖印章系伪造的，鉴于段某的公开身份，相对人也有理由相信该印章是真实的，故印章真假不影响江建公司亳州分公司的责任承担，江建公司作为总公司同样应承担清偿责任。

【案例分析】

案件中，段某是江建公司发文任命的分公司副经理，平时以分公司副经理的身份从事公司经营相关的事务，可以构成合同相对人的合理信赖，法律应保护此种信赖利益。即使是个人行为，导致公司利益受到了损害，也是因为公司的选择、任命与管理出现了问题所应付的代价，比起让善意的、无过错的合同相对人承担损失更为公平。最高院的判决保护了善意相对人的合同信赖利益，有理有据。

案例 8　专用章效力

最高人民法院（2014）民申字第 1 号，陈某与国本公司、中太公司民间借贷纠纷一案的争议焦点为：借款人在借款合同上所盖公司项目资料专用章是否有效？

最高院认为：当事人在借款合同上加盖具有特定用途的公司项目资料专用章，超越了该公章的使用范围，在未经公司追认的情况下不能认定借款合同是公司的意思表示。

【案例分析】

通过外观判断，项目资料专用章显然是具有特定用途之章，无权在特定用途之外代表公司进行意思表示。相对人未注意到这一点，显然有重大疏忽，不应认定公司承担责任。我们再探讨一下，假如盖的不是项目资料专用章，而是财务章，是否仍应认定为无效呢？笔者认为，在所盖印章与合同内容不相匹配时，应考虑到普通人对印章的理解、盖章人的身份等综合判断，不应一概认定无效。

如前文所述，企业家要有这样的观点，“人比章重要”。签订合同时首先要考察持有、使用印章的人是否有权代表公司，是否为法定代表人或经授权的代理人；其次要审查印章的内容。印章依内容分为公章、财务章、保管章、发票章、项目专用章等，内容均会在印鉴上予以显示。尽管合同有效与否本质上取决盖章之人有无代表权、代理权，但若印章内容与合同内容明显不符的情况下还盲目相信，难辞其咎。最后要尽量要求既签字又盖章。要求法定代表人或其他有代理、代表权限的人签字，并注明身份，增加一层保障。

◆ 3. 空白合同

正常的合同签订过程，是先达成协议，再订立合同。但在实际生活中，使用盖有公章的空白合同的情况很多。合同是否有效取决于持有空白合同之人是否有代理权。有权之人持有加盖公章的空白合同，公司应对在合同上添加的内容承担责任。无关人员持有合同、添加内容的，可按无权代理处理。

案例 9　　　　空白合同的效力

A持捡到的加盖甲公司公章的空白合同书与乙公司签订买卖合同，乙公司向甲公司购买手机100部。合同签订后，乙公司向A交付定金

10万元，甲公司迟迟不发货。乙公司起诉要求甲公司双倍返还定金10万元，甲公司辩称A是无权代理，不予追认合同的效力，请求驳回诉讼请求。

法院认为：A既非甲公司的法定代表人，也无相应的授权手续，其无权代理甲公司签订合同，不能仅因合同上的公章认定甲应承担责任，故驳回乙公司诉讼请求。

【案例分析】

即使空白合同上的公章是真实的，若合同持有人没有代理权，亦构成无权代理，合同是否对公司生效取决于公司是否对合同进行追认。追认的，合同有效；不予追认的，合同对公司不发生效力。

但若空白合同的持有人有理由让对方相信其有代理权，则构成表见代理，公司需要承担责任。

企业在进行交易时，应注意查清签订合同的人有无代理公司的权限。对长期的商业合作伙伴，若出现新的法定代表人、代理人时，要重新审查授权文件。

此外，企业亦要严格管理公章，尽量避免在空白合同上加盖公章。首先，若因特殊需要必须提前制作加盖公章的空白合同，应严格限制空白合同持有人，并登记合同编号，追踪合同去处。再次，员工离职时确保收回全部授权委托书及空白合同，防止离职员工冒用公司名义对外进行商业活动。最后，一旦公章丢失，应及时登报公告。

◆ 4. 法定代表人签字的效力

法定代表人的签字，并非当然地代表公司。只有作为职务行为的签字才能够代表公司。在涉及法定代表人个人的纠纷中，法定代表人常常辩称其签字是职务行为，个人不应承担责任；而在涉及公司的纠纷中，其又以签字为法定代表人的个人行为为由拒绝公司承担责任。

那么，究竟是个人行为，还是职务行为，如何判断？法院审理案件时会根据具体情况综合考量：（1）合同主体是公司还是法定代表人个人；（2）合同内容与公司经营范围是否相关；（3）合同利益归属公司还是个人；（4）合同义务是由公司还是个人履行等。

案例 10　法定代表人签字效力

孙某是A公司的法定代表人。2008年4月15日，叶某与孙某签订《搭棚工程合同书》，合同主体为A公司与叶某，合同落款为孙某签名，无公章。相应的《建筑工程费用清单》也是由孙某签名。叶某已经从孙某处预支到部分工程款，仍欠48000元工程款。叶某起诉孙某，要求其支付剩余工程款。法院认为孙某签名为职务行为，驳回全部诉讼请求。

【案例分析】

案例中，原告认为孙某签字是个人行为，主张孙某应承担工程款。法院根据合同主体、孙某职位及合同内容与履行情况，认为根据市场惯例，叶某应相信孙某是履行职务、代理公司进行的签字行为，从而确认孙某个人不承担合同责任。

企业在签订合同时应注意审查合同主体，与公司签约时合同主体是公司，而非法定代表人；应要求对方法定代表人签字并加盖公章，确保法定代表人签字是职务行为，对公司有约束力。如果要求法定代表人对公司债务承担连带责任的，应在合同中进行明确的约定，否则法定代表人不会对公司债务承担责任。

三、合同内容

合同首要原则是意思自治。也就是说，只要合同双方在真实意思表示之下，不违反法律法规或社会公序良俗，对合同条款是可以自由设立的。合同一旦签订生效，对双方就具有约束力，双方必须依照执行。如出现违约情况，违约一方就要承担不利法律后果。

企业家必须掌握合同条款的创设技巧，保护并扩大自己的合法权益。通过设立利己条款，达到己方利益相对最大化。

举个例子，甲向乙购买木材。合同中肯定要规定甲方以怎样的价格，购买乙方什么标准的木材。那么甲方应该从哪些角度来考虑最大化自己的利益呢？

一是严格规定木材的质量标准，确保拿到符合预期质量的木材；二是严格规定交货时间，给自己预留足够的时间清点、检验木材；三是提前指定评估或检验机构，在货物质量出现纠纷时可以迅速通过指定的机构出具评估或检验报告；四是严格规定违约责任，一旦发生违约可以迅速确定赔偿方案，避免耗费大量精力处理纠纷，扩大企业损失。企业涉及的合同种类繁多，我们无法把每一种合同都拿出来举例。我们通过分析讲解通用的重点条款并提出建议，供企业家借鉴。也希望大家通过学习，举一反三，养成法律思维，能够创造性地设立利己条款。合同条款应具体、明确地约定履行期限、标的质量与数量、风险承担方、履约地点、履约方式等诸多内容。

因合同内容约定不明产生争议而导致重大损失的商业案例比比皆是。企业家在草拟合同时应有敏感性，对合同中易产生纠纷的内容要考虑到所有细节并进行详细的约定，以免产生争议影响合同的履行。

案例 11　　合同约定不明

甲公司是一家全国连锁的超市水果供应商，于 2018 年 5 月与乙公司签订了一份买卖合同，向乙购买 20 吨西瓜。合同内容为：乙于 2018 年 10 月 1 日前交付山东产花皮瓜 20 吨，价格每公斤 2 元。甲收到货物后 10 日付清全部货款。合同签订后，乙于 9 月 29 日通过某物流企业向甲发货。甲于 10 月 9 日收到，西瓜破损率为 7%。甲认为：（1）乙迟延履行义务。合同约定 10 月 1 日前交付，甲 10 月 8 日才收到物流公司交付的货物；（2）西瓜质量不符合要求，乙交付的西瓜为劣等西瓜，大部分分量不足 3 公斤。口感不好，难以出售；（3）西瓜运输过程中破损率 7%，该损失应由乙承担。甲未付款，要求与乙公司协商解决。乙公司认为：（1）已依约定在 10 月 1 日前发货，按时履行了义务；（2）西瓜是山东产花皮西瓜，符合合同约定；（3）运输过程中的破损应由甲承担。乙方认为已依合同约定履行了全部义务，甲应支付货款 40 万元。

【案例分析】

这是典型的因合同约定不明产生的纠纷。如果在订立合同时考虑到交付时间、标的物质量、运输损失的承担等细节问题，将相关内容进行了明确约定，这些争议是完全可以避免的。

建议将案例中的合同内容作如下修改：

乙公司应于 2018 年 10 月 1 日前交付山东产花皮瓜 20 吨，货物由乙负责交某物流公司运输运至甲方位于北京市宣武区长城街 618 号的仓库视为交付。运输过程中货物破损风险由乙承担；乙应保证交付的西瓜 80% 以上超过 3 公斤；若符合前项质量要求，西瓜价格每公斤 2 元，甲公司收到货物后 10 日付清全部货款。

经过修改的合同对西瓜的交付方式、交付时间、交付地点，西瓜的质量与价格，运输过程中的风险承担均进行了明确约定，能够有效避免履行合同过程中产生的争议。

案例 12　　合同约定不明

甲与乙于2018年10月1日签订了房产买卖合同，价款为500万元。合同相关条款为：（1）乙应于10月7日前将首付款150万元付至双方开设的联名账户；（2）甲方收到首付款后及时配合乙办理申请按揭贷款手续，乙应于10月30日前取得某银行的放款承诺函；（3）乙在按时取得放款承诺函的前提下，甲应及时协助乙办理房产过户登记，并在过户登记完成后合理期间内将房产交付乙方。

合同签订后，乙如期支付了首付款。甲于10月19日协助乙申请按揭贷款。银行于10月25日调整了相关政策：对居民名下的第二套房产不予发放贷款。乙所购买的房产属于第二套房产，因此贷款无法获得审批。甲认为乙违约，要求解除合同，并要求乙赔偿100万元的违约损失。乙方认为：第一，甲方在收到首付款后未及时配合办理按揭贷款的申请手续；第二，银行贷款政策的调整不是自己能控制的。所以，乙方同意解除合同，但认为合同无法履行是甲方未及时配合申请贷款及银行政策调整造成的，自己并没有过错，拒绝赔偿损失。

【案例分析】

为了保障合同双方权利义务具体、明确，在合同中应避免使用模糊的主观性词语。比如“及时”“合理”“尽快”。这些词语极易产生争议，也会成为违约的借口。建议对案例中的合同作如下修改：

（1）乙应于10月7日前将首付款150万元付至双方开设的联名账户；（2）甲收到首付款后三日内配合乙办理申请按揭贷款手续（甲若进行公证，授权中介公司的员工丙配合乙办理申请按揭贷款手续，视为甲履行了配合义务），乙方应于10月30日前付清剩余房款（取得某银行的放款承诺函即视为付清全部房款）；（3）乙付清全部房款后，甲应在收到房款后三日内协助乙办理房产过户登记（甲方若进行公证，授权中介公司的员工丙协助乙办理房产过户登记，视为甲方履行了协助义务）；（4）在过户登记完成后十日内将房产交付乙方；（5）若因银行贷款政策原因无法获批贷款，乙方有权解除合同，并不承担违约责任。

上述修改以“首期款到账后三日内”“收到房款后三日内”“过户登记完成后十日内”等客观性表述取代了“及时”“合理”等主观概念。首先，这样便明确了义务人履行义务的时间。其次，为什么要增加公证条款？在进行双方配合的事项时，需要双方时间的一致性。在履行过程中常常发生我有时间、他没时间，他有时间、我没时间的情况。因此，可以通过单方面的公证行为取代原有的行为义务，避免纷争。当然，公证涉及费用，可约定公证产生的费用由委托公证一方承担。

四、管辖条款

我们可以在合同中设定管辖条款，约定纠纷的解决方式和地点。

◆ 1. 仲裁条款

案例 13　约定的仲裁机构名称不准确

甲、乙两公司签订了海上货物运输合同。合同中约定了管辖条款。因本合同发生的一切争议由双方协商解决；协商不成的，由北京市仲裁委员会管辖。后发生争议，甲公司向北京仲裁委员会申请仲裁。乙公司认为合同中约定的“北京市仲裁委员会”不存在，仲裁条款无效，请求法院确认仲裁协议无效。

法院认为：虽然约定的“北京市仲裁委员会”不存在，但能够确定双方当事人的真实意思表示是“北京仲裁委员会”，因此仲裁协议有效。

【案例分析】

根据《〈仲裁法〉若干问题解释》，仲裁协议约定的仲裁机构名称不准确，但能够确定具体的仲裁机构的，应当认定选定了仲裁机构。法院认为仲裁协议中的真实意思表示就是“北京仲裁委员会”。只是名称不准确，应视为选定了仲裁机构，仲裁协议有效。

实际上，乙公司的答辩策略有误。《〈仲裁法〉》若干问题解释》也规定了，仲裁协议约定由某地仲裁机构仲裁且该地仅有一个仲裁机构的，该仲裁机构视为约定的仲裁机构。该地有两个以上仲裁机构的，当事人可以协议选择其中的一个仲裁机构申请仲裁。当事人不能就仲裁机构选择达成一致的，仲裁协议无效。若乙公司想否认仲裁协议的效力，可答辩称其在签订合同时对仲裁协议中的“北京市仲裁委员会”理解为“北京市的仲裁委员会”，以为可以在设立在北京的北京仲裁委员会、中国国际经济贸易仲裁委员会、中国海事仲裁委员会三家仲裁机构任选一家。这种理解也有很大的合理性，法院有很大可能根据《〈仲裁法〉若干问题解释》第六条支持乙方的请求，确认仲裁协议无效。

那么，在设定管辖条款时应当考虑哪些因素呢？设定管辖要综合考虑效率、公正、保密、成本。

（1）效率。仲裁采用一裁终局制，而诉讼则是两审终审制，所以仲裁的效率比诉讼高。另外，不论选择诉讼还是仲裁，很多案件都因为地址不详浪费了大量时间。为了提高效率，企业家应在合同中约定送达地址。送达地址前置制度在司法实践中认可程度不一。因此应尽量规范，可参考江西省高级人民法院制作的诉讼送达地址的前置格式。

通信地址和联系方式。合同各方一致确认以下通信地址和联系方式（或本合同中记载的各方通信地址和联系方式）为各方履行合同、解决合同争议时向接收其他方商业文件信函或司法机关（法院、仲裁机构）诉讼、仲裁文书的地址和联系方式。

通信地址和联系方式适用期间。上述通信地址和联系方式适用至本合同履行完毕或争议经过仲裁 / 一审、二审至案件执行终结时止，除非各方依下款告知变更。通信地址和联系方式的变更。任何一方通信地址和联系方式需要变更的，应提前五个工作日向合同其他方和司法机关送交书面变更告知书（若争议已经进入司法程序解决）。

承诺。合同各方均承诺：上述确认的通信地址和联系方式真实有效，如有错误，导致的商业信函和诉讼文书送达不能的法律后果由自己承担。

（2）公正。仲裁采取一裁终局并不公开审理，而法院有主动调查义务与调查权力，并实行二审终审制。在部分特定领域（知识产权等），仲裁员可能是该方面的专家，比法官更加专业化。另外，承办案件的法官是法院随机分配的，但仲裁员是当事人自己选择的。

（3）保密。诉讼以公开为原则，不公开为例外；仲裁一律不公开，除非当事人一致要求公开且不涉及国家秘密。因此，仲裁更有利于当事人的信息保护及商业信誉的保护。

（4）成本。一般情况下，选定己方住所地的仲裁机构或法院成本最低。虽然现在国家已经认可网上开庭，但是在实操中，网上开庭的普及率还不是很高，在证据交换过程中也困难重重。所以管辖机构近是非常有利的。另外，诉讼费与仲裁费用的差别也是考虑成本的一个因素。

◆ 2. 管辖权法律规定

（1）仲裁机构

选择仲裁机构，要做到两个“唯一”——“纠纷解决方式”的唯一、“仲裁机构”的唯一。

“纠纷解决方式”的唯一。当事人约定争议可以向仲裁机构申请仲裁，也可以向人民法院起诉仲裁协议无效。即当事人必须约定当纠纷无法协商解决时，只能通过仲裁方式解决。

“仲裁机构”的唯一。仲裁协议约定两个以上仲裁机构的，协议无效。另外，一定要确保仲裁机构名称准确无误，以避免出现案例 13 中的乌龙。

（2）管辖法院

仲裁的自治性，决定了当事人有权选择任何仲裁机构，不受地域的限制。而对管辖法院的选择则不是任意的，当事人虽然可以约定管辖法院，但必须符合法律规定。

我国法律对合同纠纷管辖法院的规定顺序为：

第一，专属管辖：不动产纠纷由不动产所在地人民法院管辖；港口作业纠纷由港口所在地人民法院管辖；继承遗产纠纷由被继承人死亡时住所地或主要遗产所在地法院管辖。专属管辖优先于其他管辖。

第二，约定管辖：除了专属管辖的其他类型合同纠纷，当事人可自由约定原告住所地、被告住所地、合同签订地、合同履行地、标的物所在地等与争议有实际联系的地点的人民法院。

第三，法定管辖：在当事人没有约定的情况下，一般合同纠纷由被告住所地或者合同履行地管辖；保险合同纠纷由被告住所地或保险标的所在地管辖；票据纠纷由票据支付地或被告住所地管辖；涉及合同的公司事务纠纷由公司住所地管辖；运输合同由运输始发地、目的地或被告住所地管辖。

还有一个特殊的规定，即“应诉管辖”：原告向没有管辖权的法院提起诉讼，法院受理后，被告未提出管辖权异议，并应诉答辩，视为该法院有管辖权。

根据上述法律规定，有三点值得注意：

第一，专属优于约定，约定优于法定。

第二，可约定多个法院管辖，无须唯一性。管辖协议约定两个以上与争议有实际联系地点的人民法院管辖的，当事人可以向其中任何一个人民法院起诉。这一点与仲裁协议不同。

第三，如果对管辖有异议应当在提交答辩状期间及时提出，若不提管辖异议又应诉答辩了，那么该法院就取得了管辖权。

五、违约责任

违约，指合同一方不按照合同的约定全面履行自己的义务，包括完全不履行、逾期履行、部分履行、质量不符合约定等情况。违约责任条款指合同双方对于“当一方出现违约情况时应如何承担责任”的约定。违约责任条款一方面可以为解决纠纷提供明确的依据，有利于快速解决纠纷；另一方面也可以起到震慑作用，通过增加违约成本，增强合同稳定性，督促双方实际履行合同。

◆ 1. 违约条款的设立

案例 14　　巧设违约条款

甲公司和乙公司签订了一份木材买卖合同，合同中约定：乙公司应当于 2019 年 9 月 30 日向甲公司交货 1000 吨 A 级松木，松木价格每吨 1000 元，合同总价款 100 万元；甲公司应于收到货物后十日内支付货款。另外，甲应于合同签订之日起 10 日内向乙支付定金 10 万元。合同签订后，假设在履行中出现了如下状况：

（1）甲公司未依约支付定金 10 万元；

（2）乙公司按期交了 1000 吨 A 级木材，甲迟迟未支付货款 100 万元；

（3）乙公司于 9 月 1 日即交付 1000 吨 A 级木材，甲公司由于没清空仓库，只得另外租赁场所存放货物，一个月租金 2 万元；

（4）乙公司如期交付 500 吨 A 级木材，并表示剩余木材无法交付；

（5）乙公司如期交付 1000 吨 B 级木材，甲公司接收；

（6）乙公司于11月9日交付了1000吨A级木材，甲公司接收；

（7）乙公司于11月9日交付了1000吨B级木材，甲公司接收；

（8）乙公司于9月30日前表示无法如期提供木材，也不能确定时间。

如果出现上述任何一种或几种状况，由于双方没有约定违约条款，则很有可能发生争议。

【案例分析】

案例中，乙公司履行行为构成了不同的违约情形，逾期履行、部分履行、履行质量不符合约定。在情形（6）中，还包括逾期履行与履行质量不合格交织在一起的情况。出现纠纷后，甲、乙双方站在不同的立场，难免会各执一词，争执不休。所以，在签订合同时即应对违约责任进行明确的约定。比如设立如下条款：

乙方不履行合同义务的，应赔偿甲方合同总价款20%的违约金20万元；乙方逾期履行义务的，每迟延1日支付货款的万分之五。甲公司逾期不支付货款的，每迟延1日支付货款的万分之五；乙方交付货物质量不符合约定的，甲方有权选择要求更换或减少50%货款。

根据上述约定，案例中出现的各种情形，双方应承担的责任就很明确了，相应承担的责任如下：

（1）甲公司未依约支付定金，不承担责任。因为这里有一个法律常识，定金条款必须实际支付方能生效，未支付不生效。

（2）乙公司按约定履行合同，甲公司应于收到货物后十日内，即在10月10前支付货款100万元。所以，甲公司应支付货款100万元及违约金每日500元，自2019年10月10日起计至实际支付之日止。注意，虽然双方明确约定了违约金计收标准为日万分之五，但在司法实践中，很多法院会以违约金计算标准过高为由，对违约金主动调低。目前关于这个问题尚未形成统一做法，各地法院操作方式亦不相同。

（3）乙提前履行义务，导致甲多支出租金2万元。该2万元租金由乙承担，甲应付货款100万元。

（4）乙如期交付木材 500 吨，甲应支付货款 50 万元。剩余 500 吨木材无法履行，乙应赔偿违约金 10 万元。以未履行标的额的 20% 计算得出。

（5）乙公司交付木材质量不合格，甲可选择接受，减少 50% 货款，应在 10 月 10 前支付货款 50 万元。也可在合理期间内要求更换，即要求乙赔偿每日 500 元迟延违约金，至交付合格木材之日止。

（6）乙公司逾期履行 30 天，应承担迟延履行违约金 15000 元。甲应于 11 月 19 日前支付货款 100 万元。

（7）乙公司逾期履行 30 天，且木材质量不符合约定。甲有权选择接受，减少 50% 货款，应于 11 月 19 日前支付货款 50 万元。同时乙应承担迟延履行违约金 15000 元。甲也可在合理期间内要求更换，要求乙赔偿每日 500 元迟延违约金，至交付合格木材之日止。

（8）鉴于乙公司明确表示无法履行义务，甲可选择解除合同，乙应赔偿违约金 20 万元。如果乙公司有 1000 吨合格木材但拒绝履行，甲公司也可以起诉请求乙继续履行合同，并要求乙赔偿违约金。如果法院判决乙继续履行合同，那么违约金可能会酌情下调。

◆ 2. 继续履行

人们通常认为，违约责任就是赔偿损失。实际上，法定的违约责任有三种：继续履行；采取补救措施；赔偿损失。

大多数合同，如果履行对自身有利，守约一方在合理期限内有权要求违约方继续履行合同。如果对方不履行，可以通过起诉或者仲裁的方式诉请支持；如果得到支持，可以申请法院强制执行。法律另外规定：若法律或者事实上不能履行，或债务标的不适于强制履行或者履行费用过高的，当事人不可请求继续履行合同。案例 14 中的（4）（8）情况，乙公司无木材可交付，属事实上不能履行，则不可请求继续履行。下面的案例 15 则情况相反，在合同尚有继续履行的可能情况下，守约一方可以请求继续履行。

案例 15　继续履行合同

甲、乙于 2015 年 3 月 1 日签订了房产买卖合同。合同约定：1. 买卖房产为深圳市罗湖区某套房产，价格为人民币 500 万元；2. 乙应于合同签订当日向甲支付定金 20 万元。3 月 5 日前将首付款 150 万元付至双方开设的联名账户；3. 甲收到首付款后三日内配合乙办理申请按揭贷款手续，乙应于 3 月 30 日前取得某银行的放款承诺函（银行出具承诺函视为乙付清全部房款）；4. 在乙按时取得放款承诺函的前提下，甲应及时协助乙办理房产过户登记，并在过户登记完成后十日内将房产交付乙方；5. 若甲方违约，应承担房屋总价款 20% 的违约金。逾期不交付房产，每迟延一日支付合同总价款 0.05% 的违约金。

合同签订后，乙如期支付了首付款。在甲的配合下，乙于 3 月 25 日取得银行的放款承诺函。由于房价大涨，甲拒绝继续履行合同，并同意双倍退还定金。乙向法院起诉请求：1. 继续履行合同；2. 甲赔偿乙 100 万元的违约金。甲辩称：愿意退还双倍定金 40 万元，但房价大涨导致继续履行会显失公平，故要求解除合同。

【案例分析】

在实际交易中，一方当事人明确拒绝履行义务的，守约方通常要求解除合同，赔偿损失。实际上，依照法律规定，守约方可以起诉要求判决继续履行合同。如果该请求经生效法律文书确认，则可以申请强制执行。并且，因为对方的拒绝履行构成了根本违约，法院可以同时支持违约金。但是，本案中虽然约定了违约金 100 万元，但是考虑到公平原则，在房价大涨的情况下，判决继续履行合同，原告并没有受到损失，所以法院酌情不再支持违约金。另外，在房价突然变化的情况下，买卖双方能否主张显失公平或情势变更而要求解除合同？最高院曾有答复，房价变化不构成情势变更，属于正常商业风险，双方不可以此主张显失公平而解除合同。

需要提醒的是，为了能够实现“继续履行”，守约方应当在起诉时及时对标的物进行保全。如买卖房产的合同中，买方起诉要求继续履行的，应当及时申请查封该房产，防止房子被过户给他人，造成事实上的履行不能。

◆ 3. 补救措施

对方违约，守约方可以要求对方承担修理、更换、重作、退货、减少价款或报酬等补救措施。

案例 14 中补充的违约条款“甲方有权选择要求更换或减少 50% 货款”即对“质量不符合约定”的补救约定。即使没有约定，甲方也可要求对方更换或者依照市场价格减少价款。但如果合同没有约定，会导致解决纠纷效率低。比如双方就减少多少价款要进行磋商，可能还需要委托鉴定机构进行鉴定，耗时费力。

◆ 4. 定金、违约金与违约损害赔偿金

为了避免违约，可以在合同中约定定金、违约金或违约损害赔偿金。三者有什么区别呢？

关于定金。《民法典》第 586 条规定，合同双方可以约定一定数额的定金，不高于主合同标的额的 20%。定金条款自交付定金之时生效。定金适用定金罚则，交付定金的一方违约的，无权要求返还定金；收受定金的一方违约的，应当双倍返还定金。

案例 16　　定　金

甲公司和乙公司签订了一份手机买卖合同。合同约定：乙公司应当于 2019 年 9 月 30 日向甲公司交付某型号国产手机 1000 部，手机价格每部 2000 元，合同总价款 200 万元；甲公司应于收到货后十日内支

付货款。同时约定甲公司应于合同签订当日支付定金 40 万元。合同签订后，甲公司依约支付了定金。在合同履行中出现了如下状况：

（1）乙公司于 10 月 5 日交付约定手机 1000 部，甲公司接收；

（2）乙公司于 9 月 30 日交付约定手机 800 部，并表示剩余手机无法交付。

【案例分析】

第（1）种状况不符合适用定金罚则的条件。乙公司的逾期履行行为不构成根本违约。因此，甲仍应支付货款。

第（2）种状况应适用定金罚则的比例原则。对于合同部分履行的情形，应依比例原则适用定金罚则。乙需按未履行义务占总义务的比例适用定金罚则，对定金的五分之一（8 万元）部分双倍返还 16 万元。甲应付货款为 160 万元，乙应返还 48 万元（剩余定金 32 万元＋ 16 万元）。折抵后，甲应向乙公司实际支付 112 万元。

案例 17　解约定金

甲公司和乙公司签订了一份手机买卖合同，合同中约定：乙公司应当于 2019 年 9 月 30 日向甲公司供货某型号国产手机 1000 部，手机价格每部 2000 元，合同总价款 200 万元；甲公司应于收到货物后十日内支付。同时约定甲公司应于合同签订当日支付定金 40 万元，该定金为解约定金。合同签订后，甲公司依约支付了定金。在合同履行过程中，甲公司因故欲解除合同，并通知了乙公司，同意其没收定金。乙公司不同意解除合同，要求甲公司继续履行。

【案例分析】

根据合同约定，案例中定金性质为解约定金，即是说，任何一方得以以承受定金罚则为代价解除合同。甲公司同意乙没收定金，从而换得了单方面解除合同的权利。这是解约定金的性质决定的。那么如果没有约定解约定金，仅约定了定金，在甲违约、乙没收了定金的情况下，乙能否主张继续履行合同？最高院对此的观点是：除非合同明确约定，否则不适宜在判决合同继续履行的情况下同时适用定金罚则。

适用定金罚则应当注意以下事项：

第一，定金罚则的适用有明显的惩罚性，不以有损害为前提，所以只有在一方根本违约时才可适用。如果是轻微违约、一般违约，不适用定金罚则。案例16中的第（1）种状况即轻微违约，不能适用定金罚则。但乙确实存在逾期履行，甲可通过主张违约损害赔偿来追究其违约责任。

第二，比例原则。当事人部分履行合同的，可以按未履行义务的比例适用定金罚则。案例16中的第（2）种状况即为部分履行，应适用比例原则。

关于违约金。《民法典》第585条规定：当事人可以约定一方违约时应当根据违约情况向对方支付一定数额的违约金，也可以约定因违约产生的损失赔偿额的计算方法。商业合同履行过程中的违约情况有很多种，如质量不符合约定、延期履行、根本违约等，可以针对不同违约情况约定相应违约金。

案例18　违约金

甲公司和乙公司签订了一份手机买卖合同。合同中约定：乙公司应当于2019年9月30日向甲公司交付某型号国产手机1000部，手机价格每部2000元，合同总价款200万元。甲公司应于收到货物后十日内支付。同时约定违约金条款：若乙方不履行合同，应承担30万元的违约金。合同签订后，乙公司因仓库被盗，无法继续履行合同。乙公司与甲公司协商要求解除合同，并以甲公司并无损失为由，要求降低违约金。甲公司称其公司实际损失有40万元，应增加赔偿金额。双方沟通无果，甲公司诉至法院，请求乙公司赔偿违约损失45万元。法庭审理查明，甲公司的实际损失为25万元，故法院判决乙公司支付违约金30万元。

【案例分析】

《民法典》第585条规定了违约金的可调整性。约定的违约金低于造成的损失的，人民法院或者仲裁机构可以根据当事人的请求予以增加；约定的违约金过分高于造成的损失的，人民法院或者仲裁机构可以根据当事人的请求予以适当减少。理论上超过30%可以视为“过分高于”，违约方可以请求降低违约金。在司法实践中，很多案子违约方都是不到庭应诉的，所以也无法向法院申请调低违约金。法院是否会依职权调低违约金，各地没有统一的做法。深圳地区就倾向于在原告无证据证明实际损失的情况下主动予以调低。

违约损害赔偿金。《民法典》第583、584条规定，当事人一方不履行合同义务或者履行合同义务不符合约定的，在履行义务或者采取补救措施后，对方还有其他损失的，应当赔偿损失……损失赔偿额应当相当于因违约所造成的损失，包括合同履行后可以获得的利益，但是不得超过违约一方订立合同时预见到或者应当预见到的因违约可能造成的损失。违约损害赔偿金是法定的，无须当事人约定。但关于“合同履行后可以获得的利益”，双方可以在合同中进行确认，以免纠纷发生后违约方以“无法预见”进行抗辩。在实践中，有些企业在采购原材料的合同中，会写明“甲方因承接了XXX项目所需，特向乙方采购……”甚至还会在采购合同后面附上项目的相关合同，用以证明预期利益，充分实现了自我保护。

案例19　　违约损害赔偿

甲公司与乙公司签订了一份家具买卖合同，约定甲公司应于2019年10月30日前向乙公司提供黄花梨木椅2000张，合同价款4000万元；若甲公司无法履行合同，应承担违约金400万元。为了生产黄花梨木椅，甲公司找到丙公司，向其采购黄花梨木材。甲、丙公司约定：丙公司应于2019年5月1日前向甲供货黄花梨木材200吨，每吨10万元，合同总价款2000万元。甲公司于合同签订之日应向乙公司交付定金200万元。特别备注：因甲公司已与乙公司签订家具买卖合同，甲公司因该合同可获利2000万元。甲不能向乙及时供货，需赔偿400万元。故请丙公司确保及时、全面履行合同，否则丙公司赔偿甲公司的损失（包括预期收益）。合同签订后，甲依约支付了定金。2019年4月20日，丙公司致电甲公司，表示不能履行合同。因黄花梨木材紧缺，甲公司经多方寻找也未找到其他供货渠道，故于2019年10月初与乙公司协商解除合同，并赔偿乙400万元违约金。甲要求丙公司赔偿其损失2400万元，丙拒绝。甲公司起诉称其损失合计为2400万元，并提供了相应的证据。丙公司答辩称愿意支付400万元；2000万元的损失是另一个合同关系，与己无关，且本合同标的仅为2000万元，高达2000元的损失显失公平。法院根据合同的备注，认为丙公司应能预见到甲公司的预期利益，且合同约定了承担对预期收益的赔偿责任。根据合同的意思自治原则，判处丙公司赔偿甲公司损失2400万元。

【案例分析】

正常情况下，甲、丙公司的合同标的仅为2000万元，2400万元的损失赔偿超出了常理。此案中，甲公司胜诉的关键就是合同中的备注条款，该条款的约定使得丙公司“不能预见”“显失公平”的辩解均不成立。根据合同意思自治的原则，甲公司的赔偿请求得到支持也就顺理成章了。“赔偿金不能超过违反合同一方订立合同时预见到或者应当预见到的因违反合同可能造成的损失”是对违约方的平衡性保护，避免了赔偿金过高对违约方造成的不公平。举一个极端的例子，某人打车去机场赶飞机，结果出租车司机由于过失撞车，导致某人没有登上飞机从而错过了一个1000万元利润的合同。某人可以起诉要求出租车公司赔偿机票损失，但是并不能要求赔偿1000万元的合同利润。

因为这个1000万元的合同利润已经超过了出租车在接单后所能预见到的或应当预见到的因违约可能造成的损失。

定金、违约金、损害赔偿金综合比较

定　　金	违 约 金	损害赔偿金
（1）占用资金，实际交付生效； （2）不得超过总金额的20%； （3）对违约方惩罚性强，守约方无须证明损失； （4）适用条件严格，必须是根本违约。	（1）需约定，不需要占用资金； （2）适用情形广，各种违约均可视情况约定； （3）可申请变更金额，申请人承担举证责任，最终金额受实际损失制约。	（1）无须约定； （2）可视为兜底条款，可对不足弥补损失的定金与违约金进行调整； （3）守约方需举证证明自己的损失； （4）损失包括预期利益，但不得超过违约方的预见范围。

比较来看，定金胜在简单直接，交付生效。交定金以前的时间，相当于给了对方一个可以反悔的机会。缺点在于轻违约不适用，只有根本违约时定金罚则才适用；

违约金胜在对不同的违约情况可以约定不同的违约金额或计算方式。

损害赔偿金可以作为定金与违约金的兜底条款，防止约定的数额不足以赔偿实际损失。如果对方违约不会给自己带来什么损失的话，建议企业家选择定金或违约金。如果己方不太可能违约，并且合同利益比较重大时，可同时约定定金条款与违约金条款。在对方出现违约时，守约方可以择一主张。当约定的定金、违约金不足以弥补实际损失时，守约方还可以继续主张损害赔偿金。

六、违约方解除权

合同生效后，当事人应当按照约定全面履行自己的义务。一方违约时，另一方可以选择解除合同，或要求对方承担继续履行、采取补救措施或者赔偿损失等违约责任。那么，当对方没有违约时，己方是否可以解除合同呢？因法律没有明确规定，理论界与实务界对此存在争议。但公认的一点是，如果发生不可抗力，那么可以解除合同。

《民法典》第 563 条规定：有下列情形之一的，当事人可以解除合同：

（一）因不可抗力致使不能实现合同目的；

（二）在履行期限届满之前，当事人一方明确表示或者以自己的行为表明不履行主要债务；

（三）当事人一方迟延履行主要债务，经催告后在合理期限内仍未履行；

（四）当事人一方迟延履行债务或者有其他违约行为致使不能实现合同目的；

（五）法律规定的其他情形。

争论点为该条第（二）、第（三）、第（四）种情形，有解除权的当事人是否包括违约方本身？目前没有明确的规定，在司法实践中倾向于认为本条法律规定的解除权仅适用于守约方。

《民法典》第 580 条规定：当事人一方不履行非金钱债务或者履行非金钱债务不符合约定的，对方可以要求履行，但有下列情形之一的除外：

（一）法律上或者事实上不能履行；

（二）债务的标的不适于强制履行或者履行费用过高；

（三）债权人在合理期限内未要求履行。

有前款规定的除外情形之一，致使不能实现合同目的，法院可根据当事人的请求终止合同权利义务关系，但不影响违约责任的承担。

《民法典》没有明确规定违约方有解除合同的权利，但本条规定了在特殊情况下，守约方不能要求违约方继续履行，相当于赋予了违约方以承担赔偿为代价而解除合同的权利。

案例 20　合同的约束力

在顾某与上海常州大娘水饺餐饮有限公司房屋租赁合同纠纷一案中，大娘水饺在合同履行三年后突然以自身经营状况恶化、公司亏损为由，要求解除合同。顾某不同意。

浦东法院认为：如果在未得到守约方认可的情况下，允许违约方基于自身利益而擅自解除合同关系，无疑会使合同的约束力及市场交易秩序遭到破坏。基于诚实信用原则，不允许大娘水饺解除合同。

案例 21　破坏市场秩序

王某与解某签订了股权转让协议，后解某因经营不善，资金严重匮乏，丧失履行能力，无法履行，遂要求解除双方之间的协议。

最高人民法院认为：合同解除是法律允许守约方在对方违约的情况下采取的补救方式，是否继续履行合同的选择权在守约方。“资金严重匮乏，无法履行”不构成投资合同中投资方的合同解除权。如此种请求能够得到支持，那么投资方若在履行合同过程中发觉投资不能得到预期收益时均会要求解除合同，必然会严重破坏市场秩序。

案例 22　强制履行成本过高

天马电影公司与耀玮公司租赁合同纠纷一案，再审法院认为：双方因合作基础的丧失而引起诸多诉讼，且长期相持不下，租赁场地数年内均处于无法实际使用的状态，已经造成了巨大浪费。现涉案场地又于二审判决作出后转租给案外人使用，再予以强制履行的成本过高，属于“债务的标的不适于强制履行、履行费用过高”的情形，据此维持了原审关于解除合同的实体判决。

本案法院认可了在强制履行的成本过高的情况下，违约方有解除合同的权利。

案例 23　平衡利益减少损失

冯某与新宇公司签订了商铺买卖合同。房屋交付之后一直未办理过户，后因市场变化，各商户与新宇公司均不能盈利，新宇公司与各商户商议后决定改为统一经营，唯有冯某拒绝，这导致新宇公司无法进行全体商铺的统一改造运营，误工成本不断增加。新宇公司起诉冯某解除合同，原审法院认为双方合同有效，冯某恪守约定，并未违约。但从公平角度考虑，双方之间的利益受损情况已经失衡，法院判决合同解除。二审法院认为，违约一方请求解除合同，守约一方有权要求继续履行合同。但是，当违约方继续履约所需的财力、物力超过双方履行合同所能获得的利益时，合同已不具备继续履行的条件，为平衡双方利益，可以允许违约方的解除合同请求；但违约方须向守约方承担赔偿责任，以保证守约方既得利益不因合同解除而减少。据此，二审法院判决双方合同予以解除，并由原告返还价款，赔偿被告增值额、违约金与相应经济损失。

【案例分析】

本案中法院从效益角度出发，允许违约方解除合同，但要求其承担返还价款、赔偿损失的违约责任，亦充分保护了守约方的利益。

案例 24　赢了比赛，输了精神

2014 年广州恒大与东风日产广告案件中，东风日产与广州恒大签订了一份价值1.6亿元的广告合同，内容为广州恒大球衣的胸前广告为东风日产主打的品牌“启辰”，合同期为2014年2月1日至2016年1月31日。2015年广东恒大足球俱乐部打进亚洲冠军联赛决赛。12月21日，广州恒大以1:0击败了迪拜阿赫利夺冠，第二次赢得了该项赛事的冠军，但是恒大却在决赛中将胸前广告由“东风日产启辰T70”改为“恒大人寿”，引来了合作方的不满。

当晚22时，东风日产发表声明称“在今晚的亚冠决赛中，东风日产发现，原本应该在恒大俱乐部球员比赛服胸前广告上出现的‘东风日产启辰T70’却并未如约出现，我司对此表示非常震惊。恒大足球俱乐部在未征得我司同意的情况下，单方面擅自取消东风日产的赞助权益，我司非常遗憾。对于此次恒大俱乐部的违约行为，我司希望恒大俱乐部能够给予解释说明，同时，我司也将保留进一步行动的权利”。恒大方面在东风日产发出声明后给出了解释：我公司按合同的违约条款，提前专程与东风日产进行过当面沟通，并书面告知愿就相关事项，按照合同条款进行友好商谈。但东风日产无视违约条款的存在，拒绝任何形式的协商结果，恒大对此感到非常遗憾。东风日产针对恒大的违约向法院提起诉讼，花都法院判决广州恒大赔偿损失2477.8万元。

【案例分析】

该事件是有关违约方解除权的一个典型案例，该案中恒大的做法暴露了企业家诚信意识的缺失和利益追求上的短视。正如媒体评论的“赢了比赛，输了契约精神”。恒大的声明在法律与道德上都站不住脚，其声明实属曲解法律，强词夺理。其目的就是想借助亚冠联赛的超高收视率来推广自己的品牌而不顾法律与诚信。最终法院的判决支持了东风日产要求赔偿损失的主张。本案中，恒大并不享有解除权，即使其已经通知对方解除合同，但双方的合同不会因此而解除。

违约方解除合同的权利应严格限定在《民法典》第580条所列的三种情形，且解除后仍需承担违约责任，并赔偿损失。

违约方合同解除权常见于房屋租赁合同中，承租人由于种种原因不愿继续承租房屋，但房东不同意解除合同。承租人能否以支付一定的违约金为代价解除合同，尚无全国统一的做法，但如果双方矛盾已经无法调和、判决继续履行合同会闲置房屋造成极大的资源浪费，对承租人造成较大的不公平，那么法院会倾向于解除合同。

房屋租赁合同往往一签就是几年，为了避免出现不得不退租的情况，建议承租人在租赁合同中与房东提前约定转租权，一旦出现状况可以通过转租减少损失。否则，即使可以要求解除合同，也仍要支付一定的违约金。

七、设立担保

为了确保合同履行，可以在合同中设立担保条款。如买卖合同中，卖方通常让买家支付定金，定金就是一种担保形式；民间借贷合同中，出借方会要求借款方提供保证人，或者提供房产作抵押，保证人与抵押房产也都是一种担保形式。

◆ 1. 抵押

债权人可以要求债务人或第三人以其名下的不动产、土地使用权、生产设备、在建建筑、交通运输工具等作为履行债务的担保。如债务人不履行到期债务，债权人有权就该财产优先受偿。

案例 25　房产抵押

甲公司是小额贷款公司，乙公司申请贷款。为了确保实现到期债权，甲要求乙的法定代表人张某提供担保。甲与张某签了一份抵押合同，合同约定张某以其名下A地房产担保乙公司债务的履行，但未办理抵押登记。乙没有按期还贷，甲起诉张某要求承担连带清偿责任，并就A市房产的变价款享有优先受偿权。

法院判决张某在A地房产价值内对乙公司所欠债务承担连带清偿责任，但甲对A地某房产的变价款无优先受偿权。

【案例分析】

在这份借款合同中，债权人是甲公司，债务人是乙公司，约定的抵押物是张某名下位于A地房产。法律规定，不动产抵押应当进行抵押登记，抵押权自登记时设立。本案中因未办理抵押登记，故抵押权未成立，所以甲公司对A地房产的变价款不具有优先受偿权。但根据抵押合同，张某自愿为乙公司债务作保的意思表示是有效的，张某应以A地房产的价值为限对乙公司债务承担连带清偿责任。

案例26　动产抵押

甲欠乙10万元，以自己所有的一辆汽车设立抵押，没有办理抵押登记。抵押合同签订后，甲未经乙同意将小汽车以9万元的价格卖给不知情的李某，办理了车辆转移登记手续。后甲未履行还款义务，乙诉至法院，要求甲履行还款义务，并确认对抵押汽车的变价款享有优先受偿权。法院判决驳回了乙享有优先受偿权的诉讼请求。

【案例分析】

法律规定，动产抵押的，抵押权自抵押合同生效时设立。未经登记，不得对抗善意第三人。本案中抵押物为车辆，属于动产，抵押合同签订时抵押权即设立。乙本应对小汽车的变卖款享有优先受偿权。但甲将小汽车卖给不知情的李某，并已在车管所办理了过户登记手续。李某系善意第三人。乙的抵押权未登记，不可对抗李某。

这里涉及一个法律概念，即“善意第三人”。什么是善意第三人呢？其构成要件有三：一是主观上不知情；二是以合理的价格受让；三是物权已完成转移（不动产已登记过户，或动产已交付）。

签订抵押合同时一定要注意，不论是不动产抵押，还是动产抵押，都务必登记。这里给企业家提供一些办理抵押权登记的部门：不动产为不动产登记中心；车辆为车管所；生产设备、原材料、半成品、成品为市场监督管理局；航空器为国务院民用航空主管部门；船舶为港务监督机构；等等。各地部门名称上可能略有差别，具体以当地为准。

◆ 2. 质押

债务人或第三人以其动产或权利作为履行债务的担保出质给债权人占有，如果到期债务人不履行债务，债权人有权就该动产或权利优先受偿。“动产”好理解；“权利”包括股权、基金份额、应收账款、票据、知识产权中的财产权等。动产的质权自出质人交付质押财产时设立，权利的质权自交付权利凭证时设立，没有权利凭证的，自办理出质登记时设立。

质权登记部门有：基金、证券质押的为证券登记结算中心；股权质押的为市场监督管理局；应收账款质押的为信贷征信机构；商标权、专利权、著作权等知识产权质押的为商标局、专利局、版权局等。具体以各地为准。

◆ 3. 留置权

债务人不履行到期债务，债权人可以留置已经合法占有的债务人的动产，并就该动产优先受偿。注意，留置的财产应当是合法占有的，并且与债权属于同一法律关系的。但是企业之间留置除外，不要求同一法律关系。留置权常见于保管、运输、加工承揽合同。

案例 27　　　　留　置　权

甲公司是汽车修理厂，乙将其名下受损车辆送往甲处维修。修好后，乙对维修费用不认可，拒绝付款，甲遂将该车辆留置。因无法协商解决，甲公司起诉称要求乙付维修费用 2 万元，并就维修车辆的变价款有法定优先受偿权。经审理查明，该车辆登记在乙名下，且登记有抵押权，担保履行乙对丙的 20 万元债权。法院最终判决支持了甲的全部诉讼请求。

【案例分析】

该案例彰显了留置权的优先性——留置权优于抵押权和质权。

注意，留置财产应属于“同一法律关系”。假设本案中乙曾因维修其他车辆欠甲公司维修费 2 万元，则甲不得留置本次维修车辆，因为不属于同一法律关系。但公司之间可以——若乙是公司，则甲有权留置本次车辆以清偿乙公司其他车辆的维修费用。

◆ 4. 一般保证和连带保证

保证人分为一般保证与连带责任保证。

一般保证，即经过诉讼或仲裁及法院的强制执行程序仍不能清偿债务的，债权人才可以要求保证人清偿债务。

连带责任保证，即只要债务人到期不履行债务，债权人就可以要求保证人承担保证责任。

很明显，连带责任保证的担保效果好，更有利于债权人。《民法典》第 686 条规定，在当事人对保证方式没有约定或约定不明确的情况下，按照一般保证承担保证责任。

在保证人担保中，尤其应注意保证期间。保证期间可由当事人自由约定。未约定或约定不明确的，保证期间为主债务履行期限届满之日起 6 个月。一般保证的，债权人应在保证期间内对债务人提起诉讼或仲裁；连带责任保证的，债权人应在保证期间内要求保证人承担保证责任。如果债权人未在保证期间内行使权利，则保证“过期”了，保证人不再承担保证责任。

案例 28　一般保证人保证期间

甲公司是小额贷款公司，乙公司申请贷款，双方签订了借款合同。甲于 2021 年 5 月 9 日向乙发放贷款人民币 200 万元，月利率 2%；乙应于 2021 年 8 月 8 日还清全部本息。为了确保实现到期债权，甲要求乙的法定代表人张某提供担保。张某于5月9日在甲、乙公司的贷款合同中加入一条保证条款：张某在人民币300万元的限额内为乙作保。张某在该条款处签名，并注明是保证人。合同签订后，甲依约发放了贷款。乙到期没有履行还款义务。2021年11月，甲将乙诉至法院。2022年3月1日，法院判决甲公司胜诉的判决生效，甲公司申请执行后发现乙公司已是空壳，2022年7月1日法院以乙公司无财产可供执行为由，对案件“终结本次执行”。甲公司想起张某是保证人，于2022年8月1日起诉张某承担保证责任，张某以已过保证期间且已过诉讼时效为由抗辩。

【案例分析】

保证条款是甲公司与张某的真实意思表示，合法有效。条款中未明确保证方式，则认定为一般保证。合同中未约定保证期间，则视为债务履行期届满六个月内，即意味着甲公司必须在主合同履行期满之后6个月内要求乙公司偿还债务，否则张某不再承担保证责任。2021年8月8日为主债务履行期限，甲公司必须在2022年2月8日之前起诉要求乙公司还款。本案中，甲公司2021年11月就将乙公司诉至法院，未超出保证期间，张某应当承担保证责任。

甲公司起诉乙公司之后，保证合同的诉讼时效应从乙公司未被执行人的执行案件被“终结本次执行”之日起算。2022年7月1日，法院对乙公司“终结本次执行”，甲公司于2022年8月1日起诉张某承担保证责任，未超过诉讼时效。

◆ 5. 担保无效

《民法典》第683条规定，机关法人不得为保证人（经国务院批准，为使用外国政府或者国际经济组织贷款进行转贷的除外）；以公益为目的的非营利法人、非法人组织不得为保证人。《最高人民法院关于适用〈中华人民共和国民法典〉有关担保制度的解释》，以公益为目的的非营利性学校、幼儿园、医疗机构、养老机构等提供担保的，应当认定担保合同无效。登记为营利法人的学校、幼儿园、医疗机构、养老机构可以提供担保。

当担保合同无效时，是不是保证人就不需要承担责任了呢？不一定，保证人是否承担责任，取决于保证人和债权人对造成“合同无效”这一事实是否有过错：

（1）担保人有过错而债权人无过错的，担保人对债务人不能清偿部分承担赔偿责任；

（2）债权人、担保人均有过错的，担保人承担的赔偿责任不应超过债务人不能清偿部分的1/2；

（3）债权人有过错而担保人无过错，担保人不承担赔偿责任。

担保合同是主债权债务合同的“从合同”。所以如果“主合同”无效，那么“从合同”自然无效。如果主合同无效而导致了担保合同无效，那么保证人是不是不需要承担责任呢？还是要看担保人对造成“主合同无效”这个事实有没有过错：

（1）担保人无过错，不承担责任；

（2）担保人有过错的，承担赔偿责任不应超过债务人不能清偿部分的1/3。

综上，担保合同被确认无效，并不代表保证人就一定不需要承担责任。债权人可以根据担保人是否有过错要求其承担相应的赔偿责任。

案例29　政府担保

晶都担保公司诉某乡人民政府等担保追偿纠纷案，被告某乡政府向原告出具《承诺函》，承诺为被告东海县某花卉合作社的贷款本息提供连带保证责任。法院审理认为：国家机关不得作为保证人，被告某乡政府出具的《承诺函》无效；原、被告双方明知不能担保而为之，均有过错。法院判决被告某乡政府对本案债务不能清偿部分的1/2承担清偿责任。

案例30　　学校担保

姜某与东莞市南城学校民间借贷纠纷案中，法院认为：被告为民办私立学校。民办私立学校的办学经费并非来自于国家财政，其经营主要目的是营利，而非公益目的。此外，私立学校对其合法所得的财产拥有完全支配权，所得收益可用于投资取得经济回报，故其能够独立承担民事责任且具有代偿能力，可以作为保证人承担保证责任。因此，保证合同有效。

◆ 6. 公司担保

公司作为虚拟民事主体，其担保行为必须经由法定代表人或有权的代理人实施。为了防止法定代表人为自身利益，随意用公司名义提供担保，从而损害公司、股东、公司债权人利益，《公司法》对公司担保进行了限制：公司对外提供担保的，由董事会或者股东（大）会决议；公司为股东或实际控制人提供担保的，必须经股东（大）会决议，且被担保的股东或者实际控制人支配的股东不得参加表决。

依该规定，法定代表人未经上述程序的担保行为属“无权担保”。对无权担保，仅在相对人善意的情况下，公司承担担保责任；否则，担保无效。

相对人善意，指相对人对“无权担保”不知情。相对人有义务审查担保是否经过公司决议。此处的审查限定为形式审查：有决议文书即可，无须进一步判断、调查文书的真实性。但是公司有证据证明相对人知道、或应当知道决议系伪造、变造的除外。但，如果担保合同系由持有公司2/3以上对担保事项有表决权的股东签字同意的，即使未提交决议文件，担保也有效。

上市公司对外提供担保时，相对人只需审查上市公告。根据《证券法》相关规定：上市公司对外担保事宜必须公告。上市公司只要发布了担保公告，则视为公司意思表示；未发布公告的，担保一概视为违规担保而无效。

案例 31 公司担保

（2016）最高法民申 2633 号，河北敬业担保公司与永年地产公司、邯郸兆亿公司、圣帝隆公司等追偿权纠纷案中，最高院认为：被告公司的法定代表人谢某在代表公司出具《保证书》时，未提供董事会或者股东会决议等相关文件，而作为合同相对方的敬业担保公司是一家专门从事担保业务的专业机构，本应对谢某是否越权尽到更为谨慎的审查义务，但其并未进行形式上的审查，因此不构成善意。故本案的公司担保无效。

案例 32 担保无效责任

（2017）最高法民再 258 号，通联资本公司、成都新方向公司、久远公司企业借贷纠纷案中，最高院认为：《公司法》第 16 条立法目的是防止公司股东或实际控制人利用控股地位，损害公司、其他股东或公司债权人的利益。因此，久远公司在《增资扩股协议》中承诺对新方向公司进行股权回购义务承担连带责任，但并未向通联公司提供相关的股东会决议，亦未得到股东会决议追认，而通联公司未能尽到基本的形式审查义务，从而认定久远公司法定代表人向某代表公司在《增资扩股协议》上的签字盖章行为对通联公司不发生法律效力。

最高院认为：通联公司在签订《增资扩股协议》时未能尽到要求目标公司提交股东会决议的合理注意义务，导致担保条款无效，对协议中约定的担保条款无效自身存在过错。而久远公司使用公章的权限不明，对该担保条款无效也应承担相应的过错责任。双方均存在过错，久远公司对新方向公司承担的股权回购款及利息，就不能清偿部分承担 1/2 的赔偿责任。

【案例分析】

担保条款无效，双方均存在过错，保证人应对不能清偿债务之 1/2 承担赔偿责任。

企业家要注意，在要求公司提供担保时应审查公司是否已经依《公司法》规定的程序进行决议，未审查公司决议的，则视为未尽合理注意义务，担保合同无效。另外，根据担保内容的不同，公司决议应当由谁作出也不尽相同：普通对外担保仅需公司提供董事会决议或者股东会决议；而公司对股东、实际控制人提供担保时，则要进一步审查决议是否是由其他股东所持表决权的过半数通过。如果担保人是上市公司，则审查上市公司公告即可。如上市公司未对担保进行公告，即使公司提供了股东大会决议，也是无效担保。

◆ 7. 让与担保

让与担保是一种非典型的担保。《最高人民法院关于适用〈中华人民共和国民法典〉有关担保制度的解释》第 68 条规定，债务人或者第三人与债权人约定将财产形式上转移至债权人名下，债务人不履行到期债务，债权人有权对财产折价或者以拍卖、变卖该财产所得价款偿还债务的，法院应当认定约定有效。当事人已经完成财产权利变动的公示，债务人不履行到期债务，债权人请求参照民法典关于担保物权有关规定就该财产优先受偿的，法院应当支持。

通过将动产、不动产或者股权等财产转让至债权人名下的方式，为主合同项下的债务提供担保。举例来说明：A 向 B 借钱，B 怕 A 到期无力还钱，故要求 A 将自己名下的房产过户给 B 作担保。A 到期无力还钱，B 拒绝将房产归还（过户）A，A 于是向法院起诉 B 要求变更登记。依照《最高人民法院关于适用〈中华人民共和国民法典〉有关担保制度的解释》第 68 条规定，法院会认定房产归 A 所有，但 B 有权对该房产进行折价、拍卖、变卖，对该房产的变价款具有优先受偿权。

案例 33　　股权让与担保

郭某、洪某、蒯某与葛某股权转让纠纷案，法院认为：原、被告之间签订《股权抵押协议》之后，双方为履行该协议而约定以股权转让的形式进行担保，故该股权转让协议并非真正的股权转让，而是属于让与担保，该种担保形式并没有违反法律法规的强制性规定，应为有效合同。

案例 34　　商品房买卖合同备案登记

杨某诉张某、河北寰宇公司、第三人郑某借款合同纠纷案中，法院认为：进行商品房买卖合同备案登记仅是用来避免债务人将涉案房产出售或设置其他权利，从而保障原告的债权利益及优先受偿权。该种担保方式既解决了债务人资金融通的愿望，又保障了债权人的利益，维护了双方当事人合法权益，维护了社会诚信体系，并不违反法律、行政法规有关效力的强制性规定。本案中，商品房买卖合同涉及的25间商铺的备案行为，是基于担保目的，为保障债权的实现。原告可以对商品房买卖合同项下的25间商铺行使担保权利，对担保物有优先受偿权。

【案例分析】

在《最高人民法院关于适用〈中华人民共和国民法典〉有关担保制度的解释》出台以前，关于让与担保是没有明确的法律规定。不同法院对让与担保的认可程度不尽相同。有的认为物权法定，没有法律明文规定则无效；有的认为法不禁止皆自由，当事人之间约定有效，但是让与担保并非法定的担保形式，故不承认其有优先受偿权。本案中法院既认可了让与担保合同的效力，又认可了原告的优先受偿权，这与后出台的《最高人民法院关于适用〈中华人民共和国民法典〉有关担保制度的解释》的思路是一致的。

◆ 8. 未登记抵押

担保合同自成立而生效，但担保合同中约定的抵押物如果应登记而没有进行登记，那么会影响到抵押权。

不动产抵押未登记的，抵押权不生效，债权人无法就不动产行使优先受偿权，但可以以不动产价值为限，要求抵押合同相对人承担连带清偿责任。

动产抵押未登记的，虽然抵押权生效了，但不得对抗善意第三人。如果该动产被抵押人私自处分给善意第三人，那么抵押权人就没有办法行使优先受偿权了。

案例 35　　未登记的不动产抵押

（2015）民申字第 3299 号民事裁定书。侯某与众邦公司、韩某等民间借贷纠纷申请再审案中，2012 年 12 月 24 日，侯某与韩某、李某、众邦公司签订《借款协议》，约定：韩某向侯某借款人民币 550 万元；众邦公司以某工业园国有土地使用权作为抵押。合同签订后，韩某将担保物的《国有土地使用证》交给侯某，但双方未办理抵押登记。最高法院认为：一，众邦公司主张涉案抵押财产为不动产，但并未办理抵押权登记，因此抵押权并未设立，故侯某不能就土地使用权主张优先受偿权。二、《借款协议》、《借条》均约定以众邦公司所有的国有土地使用证作为抵押，应视为众邦公司与侯某达成了以上述土地使用权作为借款抵押担保的合意。当事人之间签订的抵押合同已经成立并生效，众邦公司应在其担保的土地使用权范围内对涉案债务承担连带清偿责任。

【案例分析】

最高院在案例中认为：应将“抵押合同成立生效”与“抵押权设立”予以区别。本案中抵押未登记，故抵押权未设立，债权人对抵押物的变价款无优先受偿权。但抵押合同已生效，表明双方已就担保人担保债务履行一事达成一致意见，担保人应在抵押物的价值范围内对主债务承担连带清偿责任。简言之，众邦公司要承担担保责任是跑不了的，承担担保责任的范围就以涉案土地使用权的价值为限。但是侯某就该土地使用权的拍卖、变卖变价款没有优先受偿权，仅有一般债权。

企业家在订立担保合同时应注意：（1）抵押合同生效后应及时依法办理抵押登记；（2）担保人拒不办理抵押登记，债权人可起诉要求担保人办理；起诉后应及时申请法院保全担保标的物；（3）未办理抵押登记的，并不意味着不用承担担保责任，仍应在抵押物价值范围内承担清偿责任。

案例 36　未登记的车辆抵押

林某与赵某民间借贷纠纷一案，法院判决赵某返还林某借款 20 万元。赵某不履行还款义务，林某申请强制执行。法院查封了赵某名下一辆奔驰车，拟进行拍卖。案外人李某提出异议，称该奔驰车已经被赵某抵押给李某用于担保赵某向李某的 10 万元借款，并提供了双方之间 10 万元借款合同及抵押合同。经查，该奔驰车辆未进行抵押登记。李某认为如果法院要拍卖该奔驰车，则自己作为抵押权人有优先受偿权，且不需要经过诉讼程序就可以直接就拍卖款优先受偿。

【案例分析】

《最高人民法院关于适用〈中华人民共和国民法典〉有关担保制度的解释》第 54 条规定，动产抵押合同订立后未办理抵押登记，抵押人的其他债权人向法院申请保全或执行抵押财产，法院已经作出保全裁定或者采取执行措施，抵押权人主张对抵押财产优先受偿的，法院不予支持。

李某的债权只能作为一般债权处理，不存在“可以不经司法确认债权而在执行程序中直接优先受偿”一说。

若企业家在商业活动中遇到担保人以车辆提供抵押的，一定要办理抵押登记。登记后抵押车辆被其他债权人取走或被法院查封的，企业家可以主张优先受偿权。未经登记的车辆抵押权则无法对抗执行。

八、履约跟踪

合同的签订只是商业交易的开始，把签订的合同顺利履行完毕，才能实现商业目的。但在合同的履行过程中，对方瑕疵履行、延期履行，甚至拒绝履行屡见不鲜。有客观的原因，也有不诚信因素。所以履约情况跟踪尤为重要。发现问题，沟通解决；解决不了，及时采取补救措施。做好履约情况跟踪，要关注以下几方面内容。

◆ 1. 跟进合同履行

对于持续履行的合同，可以根据已经履行部分来判断违约风险。交付的定做产品是否合格，每次履行是否逾期等。如果以前交付的都是合格的产品，最近交付的产品的质量变差了。或者之前每次都是按时履行，最近履行不及时了。那么，一方面与对方交涉要求对方改进，维护自身利益；另一方面要开展调查，判断履行状况变糟糕的真实原因。对于一次性履行的合同，也应跟进对方的材料采购进展、检查样品质量，分析判断对方能否充分履行合同。

此外，要了解对方其他类似合同的履行情况。生活中我们发现，供应商对一个超市的供货不及时，对其他超市的供货也很快会出问题。在借贷类合同中，若债务人对一个债权人违约，那么他的资金链基本上出现了问题，很快会波及其他债权人。银行的挤兑潮可以算是储户们履约情况跟踪的体现，“对他人违约，也会对自己违约”的推定让所有储户蜂拥而至。

◆ 2. 关注关联事件

关注对方企业的资产与负债、经营方向、重大经济活动等。事物是普遍联系的，一旦企业某一方面出现了问题，很可能影响到经营活动的其他各个方面。企业的整体运营状况与具体合同的履行可能性息息相关，影响企业正常经营的意外事件也应予以关注。

案例 37　　意外事件

甲公司向乙公司采购水果，签订了一份供货合同。为履行供货义务，乙公司便与A地的水果种植企业签订了采购合同。供货前，A地发生了化学品泄漏事件，影响了A地水果收成。A地水果种植企业无法按时交货，但并没有及时告知乙公司。约定的供货时间将近，A地的企业才告知乙公司无法按时供货。为了履行对甲公司的义务，乙公司只能临时以更高的价格另行采购。但由于时间太紧，乙公司最终无法向甲公司全部履行义务。依合同约定向甲公司支付违约金人民币20万元。

【案例分析】

乙公司一旦得到A地发生了化学品泄漏事件的消息，应立即联系水果商确认是否会影响水果产量。如果乙公司做好履约跟踪，那么就可以提前预见到水果商无法按期交货，也就有充足的时间去寻找其他水果供应渠道，从而顺利履行与甲公司之间的采购合同。

◆ 3. 法定代表人、股东、实际控制人涉嫌刑事犯罪

商业活动中的企业是独立主体，但企业最终还是由人控制管理的。法定代表人、股东、实际控制人一旦出现经济困难、涉嫌犯罪、陷于舆论风波等情形，企业的经营、管理难免会受到影响。公司股东之间或公司管理人之间发生不睦会致使股东大会或董事会无法召集，公司

权力机构和决策部门陷入瘫痪状态，从而导致公司无法正常运营，此时违约风险极大。法定代表人、股东、高管如果涉嫌经济犯罪，公司公章、账目、资产可能被司法机关控制，会使公司在很长一段时间内处于休克的状态，此时违约风险极大。

股权变更有可能导致法定代表人变更；经营策略调整也会引起法定代表人变更；甚至，公司涉诉也会导致更换法定代表人。我们可以根据对方法定代表人的变更判断企业的变化，预测对方的违约风险。

案例 38　大股东涉刑

2008 年，甲公司与乙公司签订合同，约定乙公司自 2008 年起至 2018 年，于每年的 6 月 1 日、12 月 1 日向甲公司分两批提供劳务人员，每次 20 人。2016 年 1 月，乙公司大股东 A 涉嫌刑事犯罪被刑拘。甲公司与乙公司沟通，乙公司告知 A 涉嫌犯强奸罪，与公司经济活动无关，并表态不会影响与甲公司的合作。2016 年 6 月，乙公司没有如约履行义务，甲公司部分工作无法开展，进而影响到了整个公司的运营。后经了解，自 A 被采取强制措施，公司陷入管理僵局，业务无法顺利开展。

【案例分析】

履约情况跟踪涉及很多方面，在签订合同后至合同履行完毕前，应对合同能否如约履行进行全面的监督评估。必须密切关注对方企业的履约能力及履约意向，一旦发现新情况增加违约风险，应及时沟通了解，调查取证，积极寻求补救措施，将违约可能造成的损失降到最低。本案中甲公司风险意识不强，轻信了乙公司的解释。如果甲公司能够预见到大股东被抓可能影响到公司的管理，进而影响到合同的履行，就可以提前作出新的安排而避免损失。

◆ 4. 关注关联企业运营情况

关联企业在法律上并没有一个明确的定义，在实践中通常表现为股权投资关系、共同股东关系、资金依赖关系、特许经营关系、上下游合同关系、销售控制关系等。由于上述特殊关系，关联企业一荣俱荣、一损俱损。通过对关联企业的关注，可以判断对方企业的资金、运营、管理、前景等方面的状况，从而预判合同违约的风险。

◆ 5. 关注对方涉诉情况

企业家可以通过最高人民法院的司法公开网查询对方企业作为被告的涉诉情况。对于尚处于审判中的案件，能够了解案由与涉诉标的；已经审理完毕的案件，通过公开的法律文书可以了解到纠纷的起因、解决过程及结果；如果案件进入强制执行阶段，可以进一步了解到对方的履行能力与守法意识。

在合同跟踪过程中，若发现对方已经履行的义务不全面，或者发现对方的履行能力、履约意向有变，企业家应采取以下措施。

第一，就已经履行的义务不全面的情况，要求对方及时采取补救措施。

第二，就发现的可能导致履约风险的相关情况，与对方沟通确认是否会影响合同履行，要求对方提供担保。若对方已经丧失商誉，协商解除合同；协商不成，符合合同解除条件的，直接行使合同解除权；不符合合同解除条件的，应书面告知对方若其违约可能给己方造成的损失，为索赔打好基础。同时积极寻找替代方，做好合同被违约的应急预案。

第二篇

高效的诉讼

一、诉与不诉

解决纠纷能力是企业家的基本素质。解决合同纠纷的办法有两个，一个是私力救济，另一个是司法途径。私力救济包括双方协商、熟人斡旋、行业调解、人民调解、放弃权利等，均以当事人自愿为基础，属于自治途径。诉讼与仲裁两种方式以国家强制力为基础，由特定机构依据法律对纠纷作出裁决，为司法途径。

同一件纠纷，解决途径的不同结果会大相径庭。

企业经营活动的目的是赚取利润，解决纠纷方式的选择也是如此，应以实现最大利益为原则。一般情况下，律师往往会建议企业家采用司法途径解决纠纷，但司法途径并不一定能实现最大利益。首先，法律不能保障个案绝对的公平正义，反倒是以道德、情理、博弈为基础的私力救济有可能帮助当事人实现更大的公平正义。其次，公正的裁决与守约方的最大利益并不对应。要考虑司法是有成本的。不光是付出时间、金钱、精力，还可能破坏双方的关系、继续合作的可能性。更何况没有百分之百能胜诉的案件，你认为的道理未必会得到法院的支持。尤其是在经济纠纷中，裁决结果有很大的不确定性。司法途径解决纠纷不一定是最优的方式。一个优秀的法律顾问，首先要了解纠纷的起因、争议焦点、金额、双方的态度与要求，然后再衡量诉讼风险与诉讼成本，提出对企业家最有利的解决方法。

私力救济与司法途径各有优势，应根据纠纷的具体情况作出选择。私力救济胜在手段温和，能够维持良好的关系，为继续合作留有余地；效率高，没有烦琐的程序性要求；双方自愿达成协议，履行可能性大；成本低，不用预交费用，甚至不用律师介入；保密性好，有效防止商业秘密与隐私泄露。

司法途径胜在以法律为依据，能够保证基本的公正；有权申请调取证据，利于查清事实，判断是非；可以保全财产；有强制力，生效法律文书可由国家强制执行。

案例 39　诉与不诉

乙向甲借款，借款金额 100 万元，借款期限一年，未约定利息，丙为连带责任保证人。乙到期后未偿还借款，甲要求丙承担担保责任，本息合计 110 万元；丙表示仅为保证人，愿意偿还 50 万元。经调查，乙名下无财产，丙名下房产若干。

【案例分析】

因为事实清楚，法律关系简单。丙有足够的财产可供执行，司法裁决结果很容易预测，本金 100 万元及利息 10 万元，诉讼、执行需一年半时间。再考虑司法途径的成本，甲还需支出 15 万元（律师费 10 万元，精力成本折合为 5 万元）。丙还需支出 13 万元（信用成本及精力成本 10 万元，诉讼费用及执行费 3 万元）。因丙必然败诉，无必要支出律师费。综合评估，通过司法途径解决纠纷，甲在一年半后可收入 95 万元，丙一年半后需支出 123 万元。

假设甲、丙双方均有稳妥的投资渠道，每年能赚取利润 20%。如果甲即时收款 75 万元，将 75 万元投资，一年半的利润 22.5 万元，与司法途径获益相当；如果丙立刻还款 95 万元，无法将款项进行投资，损失为 28.5 万元，与司法途径损失相当。由此分析，如果立刻还款，75 万元至 95 万元之间的金额对双方是一个双赢的结果，能够给甲带来更大的收益，让丙减少损失。低于 75 万元不符合甲的利益，超出 95 万元会让丙损失更多。因此，双方应自行协商，在这一金额区间达成立刻还款的协议。至于最终还款金额确定在多少，取决于双方的博弈。

然而现实中的纠纷远比案例复杂。证据是否充分，事实是否清楚，法律关系简单还是复杂，甚至自由裁量权都会影响司法裁决结果。义务方的财产状况会影响司法裁决结果能否得到执行，经过多长时间能够执行到位。当事人的性格、道德感、诚信状况、思维方式、理智程度等主观因素会影响对自身利益的判断。所以，企业家处理实际纠纷时需要根据现实情况进行综合考量。

纠纷解决方式仅有两种，但在具体纠纷中并不是简单地二选一方案，处理纠纷过程中可以随机改变，也可以同时进行，互为表里。先协商约定，再通过司法途径确认，或者以司法途径促进协商。

案例 40　诉与不诉

甲、乙公司签订一份货物买卖合同，合同总金额 100 万元；同时约定了迟延履行违约金，每逾期一日违约金 2000 元。乙公司迟延履行 60 日交付货物，甲公司无明显损失。甲公司要求乙公司支付迟延履行违约金 12 万元；乙公司认为甲公司无损失，对迟延履行同意赔偿 6 万元。

【案例分析】

根据案件情况，甲公司若起诉请求乙公司支付违约金 12 万元，双方具有明确的合同条款约定，有可能会得到支持；但如果乙抗辩违约金过高，或法院酌情予以调整，那么也有较大可能得不到全部支持；即使被全部支持，还有时间成本、资金成本，精力成本；强制执行可能性也必须衡量；并且一定会影响双方的良好合作关系。若乙立即赔偿 6 万元，甲接受该赔偿更符合自身利益。若不能立即赔偿，再考虑走诉讼程序。

案例 41　诉与不诉

甲、乙于 2015 年 1 月就某房产达成买卖合同，房屋总价款 500 万元，乙签订合同后依约交付了定金 20 万元。2015 年 1 月至 2 月，房价大涨。乙要求甲继续履行合同，甲拒绝履行，要求解除合同，同意双倍返还定金40万元。

【案例分析】

案例中的甲很明显是因为房价大涨想毁约。若合同继续履行，乙会因房价变化获益巨大，而甲自愿对乙的赔偿无论如何达不到获益数额。双方不可能就合同的继续履行或赔偿数额达成一致，甲的违约行为极为明显，乙继续履行合同的请求有很大可能会得到法院支持。此种情况下，乙应立刻起诉甲要求继续履行合同，并申请保全房产。

案例42　诉与不诉

乙为自然人，欠甲公司货款人民币1000万元；依合同约定，迟延履行金以每月2%计。甲要乙尽快偿还货款1000万元及三年的迟延履行金720万元。乙对基本事实认可，但认为违约金过高，且目前无能力还款，要求减免。甲公司经查询确认，乙为A案件的被执行人，执行标的800万元。其名下B房产即将于下个月进行司法拍卖，起拍卖价800万元。B房产为乙名下唯一有价值财产。

【案例分析】

B房产为乙名下唯一有价值财产，参与对房产拍卖款的分配为甲公司实现债权的唯一可能。而拍卖即将进行，甲依正常的诉讼程序取得权利已经来不及。这种情况下，甲应一边起诉，一边积极与乙协商确认违约金事宜，并要求乙配合进行司法确认，取得调解书。很明显，甲公司减免的债务越多，与乙达成调解协议从而及时参与分配的可能性越大。债权如果不实现只是一个数字，没有实际意义。若单从金钱利益角度看，乙的筹码更多，再苛刻的条件甲也得接受。但乙生活在现实社会中，其行为也会受制于道德、社会舆论及以后东山再起的可能性等因素。甲公司可利用这些有利条件，通过协商、谈判为自己争取更多的权益。

案例43　诉与不诉

甲公司为大型国有钢铁公司，乙公司为煤炭供应商。甲、乙公司签订了一份为期三年的煤炭供应合同，对供应时间、质量要求、价格、付款时间等进行了约定。合同签订后，煤炭价格下跌80%，乙公司依约供应煤炭。付款时，甲公司决策层认为市场变化是合同签订时未预计到的情况，若依合同价格付款，会导致国有资产流失，显失公平。乙公司一方面认为甲公司应依约定价格履行付款义务，否则应承担违约责任，另一方面又担心起诉会影响与甲公司长期的合作关系。

【案例分析】

案例中，甲公司决策层的意见有一定道理，并非恶意违约。但乙公司若依甲公司的主张必然会失去巨大利益。乙公司应积极与甲公司协商，争取达成补充协议。

第一种做法：

（1）对未履行的合同部分变更价格，以市场价格计算；

（2）对已履行的部分进行核算，甲公司先行支付无争议的货款，以减少乙公司的利益损失；

（3）甲公司未付的争议款项，乙放弃追究甲公司的违约责任。已履行部分是否应依合同约定价格付款或者以何种价格付款，乙公司可起诉，由司法机关决定。

第二种做法：

（1）根据市场价格变更煤炭价格；

（2）合同到期后，在同等条件下，甲公司应优先选择乙公司作为煤炭供应商；

（3）若甲公司违反第（2）条约定，则第（1）条不生效，原合同中的煤炭价格不变，甲公司应依约付款。

案例 44　诉与不诉

A 与 B 签订借款合同，借款金额 200 万元。借款到期后 B 称因现金流问题，暂时无法全部还款。双方协商，B 表示仅能还款 160 万元，且要求免除其剩余债务。经调查，B 为经营状况良好的商人，经常需要向银行融资。A 经核算，如果 B 能立刻还款 160 万元即比通过司法途径更符合自身利益。

【案例分析】

案例中，尽管 B 能立刻还款 160 万元即比通过司法途径更符合 A 的自身利益，但还是建议起诉争取更大的合法利益。因 B 经营状况良好，且经常需要向银行融资，对自己的信用一定看得重。被起诉甚至强制执行必然影响其信誉。所以 A 起诉，B 很可能提高还款金额，以换得 A 撤诉。

发生纠纷后，企业家应积极与对方沟通、协商，优先考虑自治途径。了解纠纷真相，是误会还是过失，是能力所限还是恶意违约。对于误会与能力导致的非恶意商业纠纷，通常能够通过自治途径得以合理解决。

发送律师函。在纠纷不能通过自治途径顺利解决，或者协商进入僵局时，发送律师函可以作为自治途径与司法途径两种纠纷解决方式的过渡。律师函通常包含以下内容：与纠纷相关的事实、相应的损失、本方的主张、对方应负的法律责任、等待期限、诉诸法律的通牒。律师函成本低，能够督促违约方解决纠纷，法律上还有起到中断诉讼时效的作用，企业家应将其作为一种重要的解决纠纷的工具。

走司法途径。对于有根本分歧、赔偿金额差距过大的纠纷，或对方诚信不足、出现债务危机的商业纠纷，企业家应及时决断走司法途径。

二、及时起诉

权利也有保质期，逾期则对方获得抗辩权。法律不保护躺在权利上睡觉的人！

◆ 1. 诉讼时效

《民法典》规定普通诉讼时效为 3 年，自权利人知道或者应当知道权利受到损害以及义务人之日起计算，但自权利受损之日起已超过 20 年的，人民法院不予保护。未成年人遭受性侵的损害赔偿请求权的诉讼时效，自受害人年满 18 周岁之日起算。诉讼时效期间届满的，义务人可以提出不履行义务的抗辩。但在诉讼时效届满后，义务人表示同意履行的，则不得再以此进行抗辩。同意履行可视为一项新协议，诉讼时效应重新起算。诉讼时效届满后，义务人已经实际履行的，不得请求返还。

案例 45　　普通诉讼时效 3 年

甲将某商铺出租给乙。在租赁期间，由于乙未依合同支付租金，双方协商约定解除合同。乙应返还商铺并于2016年5月1日前支付租金、违约金合计 20 万元。乙返还商铺后一直未付 20 万元。甲于 2019 年 8 月向法院起诉要求乙支付 20 万元。在诉讼过程中，乙抗辩甲诉讼时效已过。

法院认为：甲的起诉确已超出诉讼时效 3 年，乙的抗辩于法有据，判决驳回甲的诉讼请求。

【案例分析】

案例中违约事实清楚，出租人应得的租金及违约金也经双方协商约定。但是由于权利人甲未在法律规定的时效内提起诉讼，乙方获得了诉讼时效抗辩权，则甲的诉讼请求依法不能获得支持。

诉讼时效制度有什么意义呢？第一，保护交易安全，稳定经济秩序。假如没有诉讼时效，过去已久的事实就很可能随时跳出来冲击新发生的交易事实，使人们缺乏安全感，不利于交易的稳定性。反之，如果法律不保护超过诉讼时效的事实，而是保护后来的交易活动，保护人们的信赖利益，则会稳定社会经济秩序，最终促进社会的发展。第二，督促人们及时行使权利，提升整个社会的效率，促进社会更快发展。第三，更有利于树立司法权威。审判就是通过证据查清事实的过程。时间越久，证据越模糊，甚至丧失，事实难以查清，法院判决的实体公正则难以保证。

案例 46　诉讼时效的意义

甲是富二代，与乙是朋友。2005 年，乙向甲借了一块劳力士手表，并保证一个月归还。后因工作变动，乙调往外地工作，甲一直没有要求乙归还手表。2008 年，乙将该手表赠与女朋友丙。2010 年，丙向丁借款，将该手表质押在丁处。借款到期后，丙因无力还款，决定将手表变卖清偿借款。戊购得该手表。2015 年，甲缺钱想起还有一块名表借给乙，便要求归还，不得。甲起诉乙，要求乙归还手表。乙在诉讼过程中抗辩称事情过去十几年，过了诉讼时效，请求法院驳回诉讼请求。

法院支持了乙的抗辩，驳回甲的诉讼请求。

【案例分析】

这个案例能够很好地说明诉讼时效制度的积极意义。案例中，甲乙之间借表的事实均只有当事人陈述，没有其他证据。依证据规则，甲无法证明借表的事实，法院会以证据不足判决驳回甲的诉讼请求。这一事实认定与客观事实相悖，会损害司法权威，不利于法治社会的建立。而根据诉讼时效制度驳回甲的诉讼请求，避免了因事实难以查清而导致的不公正判决。同时，也能够警醒人们在社会生活中及时行使自己的诉权，否则会丧失法律的保护。

如果没有诉讼时效制度，乙承认向甲借表的事实，则法院会判决乙返还手表，那么乙、丙间的赠与关系，丙、丁间的质押关系，丙、丁、戊间的变卖关系都可能因为手表的所有权变动而处于不稳定状态，不利于建立稳定的社会经济秩序。

◆ 2. 诉讼时效的起算

案例 47　　分期付款的诉讼时效

因买卖合同纠纷，甲欠乙货款100万元。因甲无力一次性付清，双方达成分期履行协议如下：（1）确认甲欠乙货款人民币100万元及利息10万元；（2）甲应分别于2018年5月1日前付款30万元；同年8月1日前付款40万元；同年12月1日前付款40万元。甲未依协议付款。乙于2022年1月1日起诉，甲答辩称前两笔付款已过诉讼时效，请求驳回前两笔款项的诉讼请求。

法院认为，上述分期付款为同一笔债务，诉讼时效应自最后一期履行期限届满之日起算，支持了乙的诉讼请求。

【案例分析】

对于同一债务的分期付款应适用同一诉讼时效，以最后一期履行期限届满之日起计算诉讼时效。

对于未约定履行期限或不能确定履行期限的，诉讼时效自债权人要求债务人履行义务的宽限期届满之日起计算。如债务人在债权人向其主张权利时，已经明确表示不履行义务的，诉讼时效期间从债务人明确表示不履行义务之日起计算。

案例 48　诉讼时效的起算

甲与乙于 2018 年 10 月 1 日签订借款合同，约定甲出借人民币 100 万元给乙，未约定还款期限。合同签订次日，甲向乙转账 100 万元。假如有以下情况：

（1）甲于 2021 年 9 月 1 日要求乙于五日之内还款；

（2）甲于 2021 年 9 月 1 日要求乙于五日之内还款，乙未归还；甲于 2022 年 1 月 5 日再次要求乙还款；

（3）甲于 2021 年 9 月 1 日要求乙于五日之内还款，乙于次日明确表示拒绝。

【案例分析】

由于案例中的借款合同无还款期限，故案例中的三种情况相对应的诉讼时效起算期限分别为：

（1）甲要求乙还款的宽限期届满之日，即 2021 年 9 月 7 日起算；

（2）甲于 2022 年 1 月 5 日再次催款，诉讼时效自 2022 年 1 月 5 日起算；

（3）甲在 2021 年 9 月 1 日催款，乙于次日明确表示拒绝履行，诉讼时效自 2021 年 9 月 2 日起算。

◆ 3. 诉讼时效的中止、中断及最长权利保护期间

诉讼时效仅 3 年，会不会对权利保护过短呢？其实并不会，因为诉讼时效是可以中断和中止的。

诉讼时效中断，指因发生一定的法定事实，经过的时效期间统归无效，诉讼时效重新起算。包括：权利人向义务人提出履行请求；义务人同意履行义务，如承诺履行、部分履行、提供担保、请求延期等；权利人提起诉讼、申请仲裁，与提起诉讼、申请仲裁同等效力的情形，如请求人民调解、申请破产、发送律师函、金融机构扣收欠款本息、对下落不明的义务人公告主张权利等。比如甲欠乙 100 万元，已经欠了 2 年 11 个月了，乙忽然想起来甲还没还钱，于是打个电话给甲，叫甲立即还钱。那么诉讼时效中断了，从乙叫甲还钱之日起，重新计算 3 年。

诉讼时效中止，指在诉讼时效期间的最后 6 个月，权利人因法定事由不能行使请求权，待法定事由消失后，诉讼时效可重新起算 6 个月。法定事由包括不可抗力（自然灾害、疫情、战争、政府行为、社会异常事件等）、失去法定代理人、未确定继承人或者遗产管理人、权利人被控制、有不能行使请求权的障碍。比如还是甲欠乙 100 万元，已经欠了 2 年 11 个月了，这时候忽然乙住的地方地震了，严重影响了当地人的生产生活，连法院都没法办公了。那么从乙的居住地恢复正常生产起（起码要法院可以收案起），再给乙 6 个月诉讼时效。

案例 49　　最长权利保护期间

甲于 1995 年借了 20 万元给乙，约定 1995 年 12 月 31 日前归还。乙借款后无力还款。甲每隔一年都会向乙要求还款，重新出具欠条。2016 年 5 月，甲起诉乙要求还款，乙对借款事实予以认可，但辩称已过诉讼时效。甲认为其每年都向乙要求还款，诉讼时效中断，未过诉讼时效。法院判决驳回甲的诉讼请求。

【案例分析】

本案中，甲认为只要每年都向乙主张债权，即可以不断引起诉讼时效中断的法律后果，从而保证自己的时效利益。但他忽略了最长诉讼时效的规定。本案中，诉讼时效应从1996年1月1日起算，最长诉讼时效为20年，截至2015年12月31日。

◆ 4. 不动产物权、登记动产物权不适用诉讼时效

案例50　　不适用诉讼时效

甲将房子租给乙，签订租赁合同。后租赁合同到期，但甲因犯刑事案件被长期羁押，房子一直被乙占用。过了8年，甲从监狱出来，想收回房子，乙称已过诉讼时效。

【案例分析】

不动产物权请求权，不适用诉讼时效。无论多久，甲都可以要求乙返还房屋。同理，如果是车辆、船舶等需要登记的动产，同样不适用诉讼时效。

三、证据为王

法庭之上，证据为王。司法裁决是以事实为依据的，而事实必须依靠证据来证明，所以一直以来都有“打官司就是打证据”的说法。

举证责任，是指谁对案件事实负有提供证据的义务。若负有举证责任的一方无法举证，则承担败诉风险。我国对举证责任分配一般原则为：谁主张，谁举证。但也有例外。

我国《民事诉讼法》第67条规定，当事人对自己提出的主张，有责任提供证据。注意，需要证明的一定是积极事实（即某事实存在），而非消极事实（即某事实不存在）。

以不履行义务的违约纠纷为例，违约行为由两方面构成：一是义务存在，二是未履行义务。对于原告来说，义务存在属于积极事实，原告负有证明责任。而义务未履行属于消极事实，原告没有证明责任。原告只需要证明义务存在即可，由被告来证明自己已经履行了义务。

◆ 1. 证据虽好，不能有瑕疵

案例 51　　证据瑕疵

2016年张某想注册一家公司。由于配偶反对，张某与朋友董某书面约定，张某出资500万元成立A公司，董某作为挂名股东占A公司100%股权。公司成立后运营良好，但董某找各种借口拒绝将利润交还张某。张某提起诉讼，请求确认其股东身份，要求董某返还利润。张某提供了公司成立时自己曾向董某转账500万元作为注册资金的流水凭证和关于代持股权的书面协议。董某在诉讼中称转账500万元是其向张某的借款，且代持协议上没有自己的签名。一审法院认为张某为隐名股东的证据不足，驳回其诉讼请求。

张某不服上诉。二审中，张某提交了三份新证据：

（1）董某于2018年6月向其手写的欠条一份，载明“现收到张某转账借款人民币100万元，利息每月1%，半年后归还”；

（2）公证书一份，证明张某于2019年1月多次通过微信要求董某还款100万元；

（3）转账记录一份。董某自2018年7月起每月向张某转账1万元，2019年2月转账101万元。董某对证据真实性认可，但辩称与本案无关。

二审法院认为：2018年6月张某出借董某100万元的借条有利息约定，董某依约定时间付利息，还款期限届满后，张某很快催促董某还款。董某主张的500万元为借款的事实时间在先，金额更大，却无书面约定利息和还款时间，而张某也一直未催促还款，与常理不符。故关于500万元为借款的辩称不予采纳，应认定代持股权关系，董某应返还利润。

【案例分析】

一审中，股权书面约定本是一个充分的证据，但因为没有董某的签字，无法证明双方就代持关系达成一致。在无其他证据辅助的情况下，一审法院只能驳回张某诉讼请求。二审中，100万元借款的事实看似与股权代持无关，但法院可以根据这一事实推定董某的答辩与情理不符，不应采纳。在董某无合理解释的情况下，应对股权代持关系予以认定。

由上述案例可以看出，关键证据的瑕疵足以使一个本应得到支持的诉讼请求被驳回，而看似无关的事实也有可能力挽狂澜，改变司法机关对事实的认定。

◆ 2. 谁主张、谁举证

案例 52 证明责任

甲与乙于2018年5月20日签订关于某商铺的租赁合同。合同约定:

（1）乙承租甲的商铺，租期三年。自2018年6月1日起到2021年5月31日止，每月租金1万元；

（2）甲应于2018年6月1日将商铺交付乙使用，乙应于每月30日前支付下一月租金；

（3）乙装修不得破坏商铺主体结构，否则对损失应予以赔偿；

（4）乙应于5月30日前支付押金2万元，否则甲有权解除合同，并要求赔偿2万元。

在履行过程中，双方产生纠纷，诉至法院。

【案例分析】

不同的争议，需要证明的事实不同，证明责任分配也不同。

（1）甲起诉要求乙支付租金，未付租金为消极事实，甲无证明责任；乙若称其已支付租金，为积极事实，应承担证明责任；

（2）乙起诉甲交付商铺，未交付商铺为消极事实，乙无证明责任；甲若称已交付商铺，为积极事实，应承担证明责任。

（3）甲起诉称乙装修破坏主体结构，损失2万元，主体结构损害与损失金额均为积极事实，甲需承担证明责任，乙无证明责任；

（4）甲起诉称乙未交押金，为消极事实，无证明责任，由乙证明已付押金。

◆ 3. 举证责任倒置——专利权纠纷

关于举证责任的例外规定，主要集中在侵权纠纷中。与企业经营关系较大的是专利侵权纠纷。

《最高法院民事诉讼证据若干规定》第4条第1款第（1）项，因新产品制造方法发明专利引起的专利侵权诉讼，由制造同样产品的单位或者个人对其产品制造方法不同于专利方法承担举证责任。根据该规定，产品制作方法专利侵权纠纷中，专利人仅须证明被告制造了同样产品即可。

案例53　专利侵权举证责任倒置

甲公司拥有一种“水溶性反光线及其生产工艺”的发明专利。后在市场上发现乙公司也用这种“水溶性反光线”制作的床品。于是甲将乙诉至法院要求乙承担专利侵权责任。甲公司申请鉴定，经鉴定两家公司产品一致。甲公司要求乙公司提供其产品制作方法，乙公司拒绝提供。法院判决认定乙公司侵权成立。

【案例分析】

法律是理性的，任何规定都有其背后的逻辑。之所以将专利侵权纠纷中的证明责任加给被告，是因为现实中产品制造的方法由被告所掌握并控制，原告难以收集到被告使用其专利方法生产的证据。而对被告而言，使用何种方法生产，自己最清楚不过。被告如果不是用专利方法生产，可轻而易举地举证证明。所以，法律对产品制造方法专利权的侵权纠纷作了特殊规定。案例中乙无正当理由拒不提供制作方法，法院对其作不利推定。

◆ 4. 证据规则

当事人因客观原因不能收集的证据，可以向法院申请调查收集，是否准许由法院依法决定。

诉讼过程中，一方对另一方陈述的案件事实明确表示承认的，另一方无须举证。

一方在法庭审理中，或者在起诉状、答辩状、代理词等书面材料中，对于己不利的事实明确表示承认的，另一方无须举证证明。对一方陈述的事实，另一方既未表示承认也未表示否认，经法官充分说明并询问后，其仍不明确表示肯定或者否定的，视为对该项事实的承认。

当事人为达成调解协议或者和解协议作出妥协而认可的事实，不得在后续的诉讼中作为对其不利的根据。即在调解阶段对事实的承认，并不免除对方的举证责任。但是的确可能会影响法官对事实的判断，所以即使在调解阶段，也要掌握沟通技巧，避免明显于己不利的陈述。

庭审中双方对对方的证据进行质证，即围绕证据的真实性、合法性及与待证事实的关联性发表意见和辩论。能够反映案件真实情况、与待证事实相关联、来源和形式符合法律规定的证据，可以作为认定案件事实的根据。能够作为证明案件事实的证据必须是真实的，提供虚假证据会受到处罚。证据的关联性指的是作为证据的内容与案件事实之间存在着某种联系。我国立法对证据关联性的标准没有进行规定，而是将审查判断的责任完全交给法官。不具有关联性的证据有：类似行为、品格证据、特定的诉讼行为、特定的事实行为、被害人过去的行为等。作者认为，在民事诉讼中过于强调证据的关联性并不合适。如在案例 51 中，100 万元的借款事实作为类似行为，可以认为与案件事实并无关联性，但从常理角度看，该借款行为对于判断 100 万元是借款还是投资的事实至关重要。若作为类似行为被排除，因为双方各执一词，都是言辞证据，案件难以判断。

所以建议企业家在民事诉讼中，只要认为对案件事实的判断有帮助的证据一律提供，不用考虑法律上关联性的问题。即使因为关联性不被法庭采纳，也可能会对法官的判断产生影响。关于证据合法性的审查标准，包括来源合法与形式合法两方面。在司法实践中，易起争议的是来源合法性。未经对方允许的录音录像，是否为合法证据？根据最高院的案例来看，在公开场合，谈判与协商过程中的录音、录像等通常不认为非法，可以作为证据使用。但在私密空间偷拍偷录而来的证据，往往会被排除。

◆ 5. 举证期限

双方应当在法院规定的举证期限内提交证据。因故意或者重大过失逾期提供的证据，人民法院不予采纳。但该证据与案件基本事实有关的，人民法院应当采纳，予以训诫、罚款。当事人非因故意或者重大过失逾期提供的证据，人民法院应当采纳，并对当事人予以训诫。当事人一方要求另一方赔偿因逾期提供证据致使其增加的交通、住宿、就餐、误工、证人出庭作证等必要费用的，人民法院可予支持。在司法实践中，只要是关键性证据，法院基本上都会采纳，但法院有权利对逾期举证的一方进行训诫，甚至罚款。

案例 54　　举 证 期 限

2014 年，张某与原工作单位因劳动争议诉至法院。法院立案后，依法向原、被告送达举证通知书等相关诉讼文书。被告没有在规定期限内向法院提交相关证据。2015 年 2 月底，被告在开庭时提交了相关证据。经法庭询问，被告未能就逾期提交证据的行为作出合理解释。由于被告逾期提交的证据与案件基本事实有关，法院予以采纳，并且依照法律规定对被告处以罚款 1 万元。法院认定了被告主张的事实，驳回原告的部分诉讼请求。

当事人可以申请延长举证期限，但必须在举证期限届满前向人民法院提出书面申请。如获准许，延长的举证期限适用于其他当事人。

◆ 6. 证据种类

法定证据分为书证、物证、视听资料、电子数据、证人证言、当事人陈述、鉴定结论、勘验笔录 8 种。随着信息技术的发展与应用，电子数据的应用场景越来越多，值得企业家格外重视。

（1）书证。书证的本质是指以文字、符号、图形等所记载的内容、表达的思想来证明案件事实的证据。从司法实践来看，常见的有合同、票据、商标图案、遗嘱、工作证、转账记录、签收回执、账簿等。书证的表现形式不限于书写或打印的。比如一起古建筑案中，用以证明房屋修建年代的刻有修建时间的墙砖就属于书证。

（2）物证。以物品的外形、特征、质量、性能等证明案件事实的物品，称为物证。商业纠纷中典型的物证是争议标的物，因水果质量发生纠纷的，水果即为物证。承揽合同纠纷中，订做的物品即为物证。

（3）视听资料。视听资料原指利用录像或录音等反映出的形象和印象，或以电子计算机储存的资料来证明案件事实的证据。在 2012 年《民事诉讼法》修改后，视听资料专指录音、影像资料。常见的视听资料储存介质为录像带、录音带、胶卷、软盘、光盘、硬盘等。存储在电子介质中的录音资料和影像资料，适用电子数据的规定。视听资料能够作为合法证据采集的标准有两点：一为无疑点。因为视听资料较为容易修改，因此对其采集标准做了单独的规定，存有疑点即不可单独作为认定案件事实的依据，必须有其他证据佐证。所谓存有疑点，指虽然真实，但经过删减、剪接的录音、录像，会形成错觉的照片等。二为合法。严重侵害他人合法权益、违反法律禁止性规定或者严重违背公序良俗的方法形成或者获取的证据，不得作为证据使用。

（4）电子数据。电子数据是 2012 年《民事诉讼法》新设立的一种法定证据形式，是现代信息技术不断发展和应用的产物。根据司法解释，电子数据是指通过电子邮件、电子数据交换、网上聊天记录、博客、微博客、手机短信、电子签名、域名等形成或者存储在电子介质中的信息。实践中，通常表现为传真、短信、网页、微信、邮件等。

电子证据是各种传统证据新的表现形式。如果说书证是传统的商业纠纷中最有力的证据，那么电子数据可以说是现代信息社会中的证据之王。电子证据作为一种新兴的证据形式，在固定、使用过程中有很多事项应予以注意。

a. 手机短信与电子邮件。短信与邮件作为证据时应当庭出示内容、收件人、发件人、时间等，因此手机原始短信与电子邮件原件一定要保留，截屏等方式形成的图片不会被认定为原件，未必能够得到法庭认可。

b. 传真。使用传真的方式订立、变更合同或者沟通、协商时应核实对方的传真号码与相对人的关系。存在多份传真件的，应完整保存，使内容衔接、连续。

c. 网页证据。网页证据具有更新快、时效性强等特点，且由网络提供商或账号持有者控制，对于相关的网页证据应及时固定，可通过截屏、摄像、下载等方式进行，但网页会随时变动，无法还原当时的页面，所以截图的真实性易受质疑，证明力低下。建议通过公证或时间戳技术手段增强其证明力。

d. 微信证据。微信是现在最普遍的一种通信软件，应用范围比电话和其他应用软件更广泛。在司法实践中，微信聊天记录作为证据被大量使用，但前提是微信必须经过实名制验证。如果双方有过微信转账记录，当事人可以自行立即调取对方微信注册信息，能看到对方微信使用者的真实姓名。如果双方没有转账记录，只能申请法院调取对方微信注册实名信息。另外，很多人只保留截图，将原始聊天记录删除了，这是不可取的。法院采纳微信聊天记录的前提是记录有原始载体，而截图是可以伪造和修改的。所以企业家在取证时应注重完整性，将一段时间内的与争议相关的内容完整保存。

（5）证人证言。证人，是指了解案件情况并受人民法院传唤出庭作证的人。证人将其所了解的案件事实向人民法院所作的陈述，称为证人证言。证人证言的真实性、可靠性受到时间、记忆力、判断能力、感知能力、主观意愿等多种因素的影响和限制。因此，证人证言的真实性存疑，法院会尽可能结合其他证据对其进行印证，印证后无误的，才可以作为认定案件事实的依据。与一方或双方有利害关系的人所做的证人证言，并不是无效的。只要了解案件事实的人，哪怕是一方的亲戚朋友，都可以作为证人出庭作证，只是证明力不高，不能单独作为认定事实的依据。证人证言能否被法院采信取决于能否与其他证据相互印证。

（6）当事人陈述。当事人向法院陈述的内容可分为两类：一是有关案件事实的叙述；二是提出的诉讼请求及所依据的法律、法规等。前者可以作为证据。当事人是案件客观事实的经历者，其陈述可以揭示案件真实情况。但由于涉及自身利益，其陈述可能存在片面性和虚假性。因此，对于当事人的陈述，应结合其他证据，审查确定能否作为认定事实的根据。当事人若虚假陈述，法院可依法处以训诫、罚款或拘留。

（7）鉴定结论。鉴定结论是指由当事人委托或向人民法院申请，由鉴定人对案件中的某些专门性问题鉴定之后所提出的结论性意见。在民事诉讼中，主要有技术鉴定、医学鉴定、文书鉴定、会计鉴定、化学鉴定、物理鉴定、笔迹鉴定等。

（8）勘验笔录。勘验笔录是指审判人员对争议的现场和物品等进行勘验、检查所做的实况记录。在民事诉讼中，经常会有与案件有关的现场和物证，不便或根本不可能拿到法庭，如当事人争议的大型财物、被损坏的不动产等。为了查明案情，弄清事实真相，就要求审判人员必须到现场进行勘验，所做记录可以作为证据。勘验物证或者现场，勘验人必须出示人民法院的证件，并邀请当地基层组织或者当事人所在单位派人参加。当事人或者当事人的成年家属应当到场，拒不到场的，不影响勘验的进行。勘验人应当将勘验情况和结果制作笔录，由勘验人、当事人和被邀参加人签名或者盖章。符合上述程序要求的笔录可以作为证据。

◆ 7. 固定证据

企业家要有风险意识，通过证据将商业活动过程固定下来，留存以防发生纠纷。商业活动的任何环节都应留痕，包括磋商记录、正式合同、补充规定、履约及违约行为（标的现状、支付对价、交接记录等）、损害后果、纠纷原因及处理措施等。充分运用各种证据形式对上述事实进行证据固定。

（1）合同及签章。商业交易要尽量订立书面合同。合同内容要权责清晰、内容明确；书写或签名应用水笔，而不能用圆珠笔。圆珠笔写的字容易褪色，时间久了真实性无法鉴定。对于电子签名，应核实真实性、有效性。对于电子数据，应保证其真实性与完整性。关于公司盖章，应当与该公司在工商部门登记留存的印章图鉴进行比对，注意合同应当使用公章，而不要使用其他专项章。而且要注意对对方在合同上加盖公章的人员进行确认，排除无权代理的可能性。

（2）磋商记录及补充约定。企业家往往因嫌麻烦而忽略保存磋商记录及补充约定。如没有形成书面的合同，亦可以通过双方之间的微信沟通记录、录音录像等予以固定。

（3）履约及违约行为。付款应转账，避免现金，且转账时要备注用途、性质；交付标的需签收，并且注明符合合同要求；接收标的，若不符合合同要求，可拒绝接收。或者接收时将标的质量、规格、数量详细记录，要求对方签字确认。对质量与规格易产生争议的标的，还应拍照、录像，并将照片、录像原件封存，避免修改、剪辑。对于行为履行，也可以通过全程录像的方式进行固定。要提醒的是，在合同有明确约定货物签收人的情况下，为了避免纠纷，一定要找到合同中指定的签收人签收货物。如果确实不便，也应当要求对方明确指定其他代收人员。

（4）损害后果。对方未按合同要求履行而造成的损害后果，通常可通过保留原物、录音录像、证人证言、专业鉴定等方式进行证据固定。

（5）其他。对于商业活动中的其他问题，如纠纷产生原因、补救手段、解约通知的送达、避免违约损失的扩大措施等，也应通过各种证据形式予以固定。

案例 55　圆珠笔签名

2012 年，乙向甲借款 20 万元。甲交付现金，乙出具收条上写：现收到甲 20 万元。因乙迟迟未还款，甲于 2019 年向法院起诉，要求乙还款。乙在诉讼中辩称未借款，否认出具过收条。甲申请鉴定，鉴定结论为：借条由圆珠笔书写，因时间过久，字迹模糊，无法鉴定签名真实性与书写时间。

法院判决驳回甲的诉讼请求。

案例 56　商业磋商

甲公司欲采购一批荔枝，竞争对手乙公司得知后安排丙公司与甲联系，并借磋商之名获取了甲与丁超市的供货价格。之后丙找借口不与甲签合同，并将获得的商业信息告知乙。乙以更低的价格与丁超市签订了荔枝供货合同。甲公司经调查后得知乙、丙为关联公司，遂起诉丙赔偿损失。但甲无证据证实丙获取其商业信息。

法院驳回甲诉讼请求。

【案例分析】

基于诚实信用原则，交易主体在磋商谈判过程中对获取到的对方的商业信息具有保密义务。本案中，丙公司借合同磋商为名获取商业信息，然后将商业信息告知甲的竞争对手，显然违反了保密义务，应承担缔约过失责任。然而，由于甲公司未保留与丙公司磋商过程的证据，无法证明丙公司获取了其商业信息，其权利无法得到救济。

案例 57　　补充协议

甲公司于2010年租赁了乙公司某大厦七楼，双方签订了合同，合同约定：每月租金10万元；租期八年，自2010年1月至2017年12月；甲可自行装修，装修不得损坏房屋主体结构，租赁期满后乙无须补偿装修费用等。合同期满后，甲于2017年12月30日将租赁房产交还乙。乙收房后，发现房屋间的分隔墙被打通，与甲交涉。双方口头约定由乙自行恢复，费用由甲承担。乙于2018年6月施工恢复后，无法联系到甲。乙向法院起诉，要求甲赔偿房屋装修损失20万元。

法院认为乙证据不足，判决驳回其诉讼请求。

【案例分析】

案例中，乙既无证据证明房产受到损害，也无证据证明双方已经就房产损害事实及如何处理达成过协议。如果乙有证据意识，在甲交付房产时对房屋的损害状况进行拍照、录像或者请物业公司见证，则房屋的损害事实可以固定。在与甲协商处理时将双方的合意形成书面的补充协议，或保留双方沟通记录，则可以获得法院的支持。

◆ 8. 证据保全

一方当事人可在诉讼前或诉讼中，对日后可能灭失或难以提取的证据申请公证处加以验证提取、收存和固定。根据中国公证员协会《关于办理保全证据公证的指导意见》，公证保全证据的种类有书证、物证、视听资料；证人证言、当事人陈述、行为过程和事实的保全。随着信息时代的来临，电子数据的保全越来越重要。在实践中，公证保全证据主要为证人证言、电子数据、物品状况及行为过程的真实性与客观性。经过公证的证据证明力强。

案例 58　　租赁合同公证

甲公司经营写字楼出租业务，租户经常到期后锁门跑路或者失联，甲公司想开锁收房，又担心房屋里放置着一堆杂物，私自处理会产生纠纷。甲拟通过办理租赁合同公证解决这一问题。2014年4月，甲与新租户乙公司前往公证处申请办理租赁合同公证。公证员审查了双方达成一致意见的租赁合同，并办理了公证。合同中约定如果乙公司经催告仍拒不交纳租金或物业费，或者乙公司失联，甲公司有权解除合同并将出租房屋收回，并约定了催告乙公司的联系地址、电话、电子邮箱等信息，以及腾退出租房屋的条件、房屋中存放物品的处理方式等。一年后，乙公司突然失联，也未继续缴纳租金。2015年7月1日，甲按照合同约定，决定单方收回租给乙公司的办公场地，并向公证处申请办理单方收回出租房屋现场保全证据公证。在公证员在场见证的情况下，甲公司的代理人按照乙公司合同上的联系方式拨打电话、发催告函（特快专递）及催告电子邮件。10天后，特快专递被退回，电子邮件也未收到回复，符合合同中对于“经催告失联”的认定情形。7月15日，经公证员审查核实相关情况后，决定对单方收回出租房屋现场进行公证证据保全。当天下午，两名公证员来到租赁办公场地，会同居委会工作人员、甲公司工作人员一同进入现场，进行物品清点，全程录像，并对现场物品进行贴标、登记、装箱封存。回到公证处后，公证员出具了公证书。

2016年，乙公司起诉甲公司。称其屋内有古董若干件，如无法返还请求判令甲赔偿人民币1000万元，并提供了古董买卖手续、发票及摆放在屋内的照片等。甲答辩称其依法解除合同，屋内物品经清点无乙公司所称古董，同意返还已封存物品，并反诉要求乙公司支付违约金100万元、物品保管费用10万元。

法院经审理，对甲公司所主张事实予以认定。驳回了乙公司的全部诉讼请求，判令乙支付甲违约金及保管费用110万元。

【案例分析】

房屋租赁中会经常发生承租人不付租金或租期届满后不腾退房屋的情况，出租人担心会产生纠纷而不敢自行收回房屋，导致遭受空房损失。为避免这种情况，出租人可申请公证机构办理租赁合同公证，明确载明承租人不履行或者不完全履行合同义务时，出租人有权单方收回出租房屋，以防止损失扩大。同时在依合同单方收房时，做好证据保全，避免日后扯皮。

案例 59　　软件侵权的证据保全

甲、乙系两家美国软件公司，认为上海丙公司未经许可，擅自复制、安装并商业使用了两公司的系列计算机软件。鉴于安装有非法计算机软件的计算机均在丙的经营场所内，申请人无法获得相关证据。同时，由于涉案证据均为计算机软件及相关数据，具有无形性，极易藏匿或毁灭，一旦证据被转移、隐匿或灭失，将难以取得，从而对相关事实的认定造成困难。故请求上海知识产权法院进行诉前证据保全。

法院审查认为，申请人申请保全的证据属于法律规定的可能灭失或者以后难以取得的情形，且申请人亦因客观原因不能自行收集上述证据，符合诉前证据保全的条件。遂裁定对被申请人经营场所内的计算机及其他设施设备上的系列软件的相关信息进行证据保全。

【案例分析】

诉讼证据保全在知识产权侵权类案件中应用普遍。案例中，原告申请诉前证据保全极为重要，固定证据之后方可以证明被告的侵权行为。申请人的诉前保全申请反映了良好的证据意识，为进一步的诉讼行为打下了良好的基础，有利于保护自身合法权益。

四、财产保全

法院判决如果得不到执行，对于胜诉方无异于一张纸。为了避免“赢了官司却输了钱”的这种现象，当事人可以提前进行财产保全。

案例 60　　财产保全

甲公司与乙公司签订买卖合同，后乙违约，依照合同约定应向甲公司支付违约金 100 万元。甲乙沟通无果，甲于 2016 年 6 月提起诉讼。2017 年 1 月 1 日，法院判决乙于判决生效后十日内支付违约金 100 万元。同年 1 月 15 日，判决生效，乙未自动履行。甲于 2 月 1 日向法院申请执行。

法院在执行过程中，发现乙无财产可供执行。另经查询，乙在 2016 年 8 月将账户资金 160 万元转出。

【案例分析】

甲公司若在起诉时申请财产保全，冻结乙公司的基本账户，那么乙无法将资金转出。判决生效后，甲可申请强制执行，判决确定的债权将很快得以实现。现实中有很多的案件因为没有申请财产保全，而导致判决最终无法得到顺利执行。

财产保全是有成本的，包括保全费用、担保成本、赔偿风险。保全费用由申请人预交，最终由败诉方承担。申请财产保全，法院可以责令申请人提供担保，现金、房产、车辆或被法院认可的金融机构、担保公司的保函均可用来担保。由于申请保全错误而导致对方损失的，申请人须赔偿。因此，是否需要申请财产保全，需要考虑各种因素。不是所有的案件都有必要申请财产保全的，要具体情况具体分析。

◆ 1. 是否保全

如果对方资金充足，不存在转移风险，则不用申请财产保全。通常，与实力雄厚的公司、运营状况良好的上市公司的纠纷，无须申请财产保全。如果对方一无所有，已经是空壳公司，也无须申请财产保全。如果对方虽然有一定财产，但已经被法院查封多次，也没有必要申请保全。

案例 61　　　　　　　　无财产涉案多

甲、乙公司签订一份手机买卖合同。甲付定金 5 万元；乙收到定金后，未发货，也无法联系。甲准备起诉。经调查了解到，乙系签订合同前一个月成立，注册资本 20 万元，在五十年内缴清；办公场所现已无人办公，租金也未支付；涉及十多起诉讼案件，均为手机买卖合同纠纷。

【案例分析】

根据调查所得的情况，乙公司已经人去楼空，不再继续经营，且涉及诸多纠纷。这些情况意味着大概率无财产可执行。在这种情况下，通过起诉进行追索还是有必要的，但是申请财产保全没有必要性。

除了看对方的财产情况外，是否保全还需要考虑以下内容：

（1）信用状况。如果一个民事主体信用状况良好，重视声誉，尊重法律，可以不申请财产保全。只要有能力，他们会自觉地履行法院生效文书确定的义务。

（2）胜诉可能性。大部分案件根据证据、事实、法律是能够推断出判决结果的。小部分案件由于证据不充分，或者涉及的法律问题有争议性，判决结果具有一定的不确定性。胜败有争议的情况下，以不申请诉讼保全为宜。因为一旦败诉，则可能需要赔偿因保全给对方造成的损失。

◆ 2. 诉前保全

案例 62　　诉前冻结账户

甲、乙公司签订了一份家具定制合同，合同约定甲应先支付货款，乙收款后再交付家具。甲在支付了货款后，发现乙在签合同时存在欺诈行为。为防止乙转移财产，甲立刻向乙账户所在地 A 市的法院申请财产保全，并提供了乙存在欺诈的证据。2017 年 6 月 1 日，法院作出保全裁定，冻结了乙的银行账户。随即甲向合同约定的管辖法院 B 市法院提起诉讼要求解除合同，请求返还货款并赔偿违约金，B 市法院依法予以受理。

【案例分析】

当事人可以在起诉之前申请财产保全，这种叫作诉前财产保全。适用于情况紧急，不立即保全将会使当事人受到难以弥补的损失。本案中，如果甲先向法院起诉再申请保全，从准备起诉材料、起诉，到法院庭前调解、立案、分配法官，这些程序会花费一定的时间，乙随时可能转移财产，造成甲难以追回货款的损失。甲提供的乙欺诈证据得到了法院的认可，法院依法作出了诉前保全裁定。

案例中，甲在乙银行账户所在地法院申请方便法院采取保全措施，可提高效率。采取保全措施后，甲公司在一个月内向有管辖权的B市法院起诉，B 市法院依法受理。保全法院与起诉法院并不冲突，企业家应选择有利于立即采取保全措施的法院（一般是财产所在地法院）申请诉前保全。

◆ 3. 财产保全的种类和方法

财产保全包括冻结账号，查封不动产，查封车辆、股权、股票、基金、知识产权、预期债权等。冻结银行账号的，应向法院提供账户名、账号、开户银行。被冻结的账户“准进不准出”，可存款，可接受转账，但在冻结限额之内不得取现、向外转账、质押等。查封不动产权，包括商品房、土地使用权（建设用地使用权、集体土地使用权、宅基地使用权）、海域使用权、林权等。被查封的房产不能进行买卖、抵押、租赁等。动产类查封对象可以是车辆、机器设备、珠宝首饰、电子产品、家具等一切有价值的动产。车辆保全由各地车辆管理所协助执行，机器设备、珠宝首饰、电子产品、家具等动产的查封应现场张贴封条。对于股权、股票、证券、知识产权等权利，法院可以到相关部门办理权利查封。在动产查封期间，不得进行买卖、抵押、质押等增加负担，损害动产价值的行为。

按财产保全的先后顺序，可分为正式查封（冻结）与轮候查封（冻结）。《民事诉讼法》规定，财产已被查封（冻结）的，不得重复查封（冻结）。所谓正式查封（冻结），即为首位查封（冻结），也就是最早进行的查封（冻结）。被执行人逾期不履行生效法律文书确定的义务的，正式查封（冻结）的案件有权拍卖、变卖查封物或处分冻结资金。

轮候查封（冻结）就是对人民法院已经查封（冻结）的财产，依次按时间先后在登记机关进行登记，或者在该人民法院进行记载，排队等候。一旦正式查封（冻结）被依法解除，在先的轮候查封（冻结）自动转化为新的正式查封（冻结）。

查封（冻结）是有时间限制的，以法院出具的通知书上注明的查封（冻结）期限为准。在查封（冻结）到期前 30 日，当事人应向法院申请续封（续冻），以免保全到期自动解除。

案例 63　　轮候查封土地

原告甲与被告乙的借款合同纠纷案中，甲诉请乙还款 8000 万元，并申请法院轮候查封了乙名下一块土地的使用权，价值 5 亿元。法院最终以证据不足驳回了甲的诉讼请求。乙认为甲申请保全错误，起诉要求赔偿。

法院认为，甲申请保全的土地系乙在其他执行案件中已经被查封的，其定性应为“轮候查封”，查封尚未正式生效则无侵权行为，故对乙的诉讼请求不予支持。

【案例分析】

案例中，甲公司在原诉讼中的诉讼请求被全部驳回，应被认定为申请保全错误，若造成损失的，理应承担赔偿责任。但因为对涉案土地的查封为轮候查封，查封尚未生效，故对该土地无实质的保全行为，乙公司诉讼请求于法无据，依法应予以驳回。

关于查封财产，有“活封”与“死封”的说法。从法律上讲，所谓“活封”指仅限制对特定财产的转移、买卖及设定担保等处分行为，并不限制占有、使用、收益等利用行为。对于土地、房产等不动产，通常采取活封措施，禁止转让、设定抵押即可，不禁止占用、使用、出租等利用行为。但是查封后的租赁不得对抗执行；对于车辆、大型机器设备，也应采取活封措施，不禁止其使用，以免造成车辆、机器价值的贬损。但是若被保全人有转移财产的可能性的，则可以采取扣押等措施防止转移。所谓“死封”，即将被查封的财产扣押、控制起来，禁止使用。对于黄金珠宝、金银首饰、玉石、手表等有一定价值的动产通常进行死封，并指定保管人。对于存款、股票，通常采取冻结账户措施，“可进不可出”。另外，由于股票价格波动幅度大，合理的查封措施为冻结资金账户即可，不影响被告对股票的操作。

由于财产信息属于当事人隐私。所以法律规定，申请财产保全，应当由申请人向人民法院提供明确、具体的财产信息。有些当事人压根不清楚对方名下有什么财产，想申请法院查询，一般情况下法院是不会同意的。

财产保全的范围应当限于当事人争议的财产。诉讼请求为金钱债权的，保全财产价值不得超出诉讼标的。若保全财产为不可分物的，可以全部保全。当被告的财产被保全，被告可以申请保全置换，更换保全标的物。如果保全的是争议标的物，通常不得置换。如果并非争议标的物，被告可以提供与原保全标的物价值相当、更有利于执行的财产申请置换。但由于置换的财产是否“价值相当”“更有利于执行”难以确定，为了规避风险，法院通常要求置换须经过原告的同意。

◆ 4. 保全置换

案例 64　　保全置换

甲与乙因纠纷无法协商解决，甲向法院起诉要求乙赔偿损失 20 万元。为防止判决无法执行，甲同时申请财产保全。

【案例分析】

乙名下有现金存款 100 万元，房产两套，A 房产价值 50 万元，B 房产价值 100 万元，车辆价值 50 万元。

（1）甲申请法院保全现金，法院会冻结现金 20 万元；若乙以房产申请保全置换，因房产比现金更难兑现，只要甲不同意，法院不会准许。

（2）甲申请法院保全 B 房产，因房产不可分割，法院会依法查封房产；若乙以现金申请保全置换，法院应予准许；若乙以 A 房产申请置换，因价值超过申请标的，法院也应准许。

（3）甲申请法院保全 A 房产后，乙申请以车辆置换。因车辆为动产，易灭失，且会贬值，所以兑现难度大，若甲不同意，法院不会准许。

财产保全会给权利人带来损失，若保全错误，申请人应予赔偿。为保证被保全人的损失能够得到赔偿，法律规定申请财产保全的，法院可以要求申请人提供担保。在司法实践中一般会要求申请人必须提供担保。现金担保被认可度最高，但由于成本高，其使用情况很少。申请人可以提供房产作为担保，价值大且不影响使用。另外，银行、保险公司、其他金融机构及法院认可的担保公司出具的保函，也是不错的选择。一般情况下，提供担保的金额不超过保全金额的30% 即可。

五、刑民交叉

企业家在商业交易中遭遇对方违约，通过自行救济的方式无法挽回损失获得赔偿时，可以通过司法途径维权。当被执行人无财产可供执行时，企业家只能自行承担损失，这是商业交易中的正常风险。

还有一种情况，如果对方从事的经营行为违法，或者从一开始就是以非法占有为目的，以商业交易为名，实则进行违法犯罪。这种情况企业家可以求助于公安机关，通过刑事手段寻求救济。在具体操作中一般会遇到三个问题。

第一，民事违约、侵权与经济犯罪界限模糊，当事人通常无法判断。甚至咨询到公安、检察院、法院也没有明确的答案，实践中司法机关通常对经济犯罪的认定非常保守。

第二，司法机关对“先刑后民”的原则教条理解。将两种途径对立起来，一旦民事起诉后即不立刑事案件，刑事案件立案后民事起诉也不予审理。

第三，刑事报案与民事起诉两种途径在维护自身权益、挽回损失方面各有利弊，受害者不知如何选择。

案例 65　　报案涉嫌诈骗

甲租车公司与汽车生产商乙公司订有采购协议，协议中的车辆采购价格低于市场价格20%。丙公司得知甲能够低价购得车辆后，便委托甲向乙购买40辆小汽车。甲在收到丙向其支付的1000万元购车款后，将其中的800万元用于银行还贷。约定交车期满后，甲无法交付车辆。丙得知情况后与甲交涉，甲返还了200万元并提供了两块鸡血石及一家投资担保公司的保函做担保，并称已经重新向银行贷款购车，但被银行拒绝。丙遂报警称甲涉嫌合同诈骗，公安机关立案。

案件经侦察、公诉、审判，法院最终认为：甲公司虽在履行合同中存在重大错误，但甲公司在挪用车款后，积极申请贷款，在丙提出交涉后立即退还部分货款并提供担保。且甲公司的资产雄厚，一直处于经营状态，也没有携款潜逃意向，故甲不构成合同诈骗罪。

【案例分析】

案例中，从丙公司的角度看，甲公司收到钱后并未依合同目的去代购车辆，而是将钱用于清偿自身债务，导致其遭受重大损失。法院并没否认甲的行为侵害了丙的利益，但认为甲主观上并没有占有丙公司财产的目的。从实际情况看，甲进行了补救行为，最终也有能力赔偿丙的损失。因此认为甲的行为不构成合同诈骗罪。本案历经立案侦查，提起公诉，一审判决构成犯罪，二审发回重审，一审重审构成犯罪，二审再次发回重审，最终在第三次一审程序中，检察院撤回起诉而结案。可见合同纠纷与经济犯罪很容易混淆，难以判断。企业家在经营中要注意防范。

合同诈骗罪成立的关键在于目的与行为两方面，首先看对方的主观目的，然后看是否有诈骗的行为。

合同诈骗罪必须以非法占有为目的，而主观想法不易被证实。现实中行为人也往往辩解自己并无非法占有的故意，那就必须借助客观行为进行推断。通过双方接触、合同磋商、订立合同、履行违约等一系列行为进行综合判断，案例中虽然甲公司收到购车款后即用于还贷，但法院结合甲公司的后续行为综合认定其并无非法占有的目的，因此甲公司的行为不构成犯罪。

甲公司成立于2002年，是中国最早成立的一家有影响力的汽车租赁公司，当时是明星企业。在法定代表人因合同诈骗罪被羁押数年后，甲公司丧失了最好的发展时机，也失去了行业领先地位。如果被告人的案件公安机关调查后不予立案，也许甲公司就是现在的“神州租车”。

案例66 合同诈骗

2012年12月19日，驾驶货车的甲在西安经人介绍与乙签订了西瓜货运协议，约定卸货地点为安徽。运输途中，甲为了偿还个人欠账，在洛阳水果市场将西瓜销售，得到价款69000元后逃匿。

经立案侦察，移送起诉，法院审理认为：被告甲以非法占有为目的，在合同履行过程中，将对方当事人给付的货物销售后逃匿。骗取对方当事人的财物数额较大，其行为已构合同诈骗罪，判处有期徒刑三年。

【案例分析】

该案中的甲违背合同目的，将合法占有的西瓜变卖，偿还自身债务。看似与案例65中的甲属于同样的挪用货款行为，但案例65中的甲公司并未逃匿，而是通过退款、提供担保、继续贷款等行为证明其并非以占有为目的。而本案中的甲将西瓜变卖还款后逃匿，并未有任何还款的意愿与行为，因此可以认定以非法占有为目的，构成诈骗罪。

合同诈骗罪还要求有诈骗行为。根据《刑法》第244条规定，以下情形视为诈骗行为：以虚构的单位或者冒用他人名义签订合同的；以伪造、变造、作废的票据或者其他虚假的产权证明作担保的；没有实际履行能力，以先履行小额合同或者部分履行合同的方法，诱骗对方当事人继续签订和履行合同的；收受对方当事人给付的货物、货款、预付款或者担保财产后逃匿等。

商业活动中的一些常见情形，如无权代理、私刻公章、夸大其词、虚假担保、瑕疵履行等，都是当事人不诚信的表现，构成民事关系中的违约，但不一定构成合同诈骗罪。只有当事人以非法占有为目的，作出上述行为才构成诈骗。

企业家为了促成交易，在谈判过程中避免不了会虚构或夸大自己的经济实力、履约能力，或作出对合同签订有重大影响的虚假陈述。如果当事人主观上确有履约意图，客观上也为履行合同作了积极努力，则不能认为其有非法占有的目的，只能以民事欺诈或违约追究责任。再如某包工头为行事方便，私刻了发包人的公章，在签收材料、工程结算时使用了该公章。包工头并非为了骗取他人的货物或款项，故不能认定其行为是以非法占有为目的，不构成合同诈骗罪。

那么合同诈骗罪与民事的合同诈骗行为之间是什么关系呢？最高院、最高检、公安部于 1985 年联合发出的《关于及时查处在经济纠纷案件中发现的经济犯罪的通知》指出："各级人民法院在审理经济纠纷案件中，如发现有经济犯罪，应将经济犯罪的有关材料分别移送给有管辖权的公安机关或检察机关侦查、起诉，公安机关或检察机关均应及时予以受理。"这个规定确立了实践中经常说到的"先刑后民"原则。

对于受害人讲，方式并不重要，结果才重要，其直接目的是维护权益，挽回损失。通常来说，刑事立案有更强的威慑力与更直接的追赃手段，更能够帮助受害人挽回损失。刑事案件由国家司法机关主导调查，而民事案件依赖当事人举证，两相比较，刑事案件亦更容易查清事实。

但"先刑后民"原则在司法实践中也会给当事人造成不利的后果：

第一，可能给被告人企业带来难以挽回的损失。

第二，当事人民事起诉后发现对方有诈骗行为，想以合同诈骗为由向公安机关报案，公安机关常以"民事纠纷"为由不予立案。这样的做法违背了"先刑后民"的原则，正确做法是应先行调查，不构成犯罪的，不予立案；经过调查认为涉嫌犯罪的，可以发函给审判机关要求中止审理。

第三，剥夺了受害人通过民事诉讼途径挽回损失的权利。当被告人下落不明，无法归案时，刑事案件通常无法进行。被害人想通过民事诉讼途径挽回损失时，法院通常以"先刑后民"原则为由，认为刑事案件尚未审结，拒绝立案或立案后中止审理，被害人的民事权益无法得到维护。

案例 67　先刑后民

甲与乙签订房屋买卖合同，乙在交付首付款后即以方便贷款为由要求甲将房屋过户到其名下。甲办理完过户手续后，乙立刻将房产转卖给丙，收到全部房款后潜逃。甲报案后，公安机关将乙名下的汽车一辆查封扣押，并查封了乙的另一套房产。因乙无法归案，公安机关无权将扣押的汽车、房产（该房产原有高额抵押，但潜逃期间房价上涨）处置退赔给甲。甲欲向法院起诉要求乙赔偿其所受损失，法院以该案涉及刑事案件为由不予立案。

【案例分析】

对于案例中的情况，法院通常以“先刑后民”为由不予立案，或立案后中止审理，导致受害人的损失无法挽回。

合同诈骗罪中的诈骗行为也是合同纠纷中的欺诈与违约行为。按照《民法典》有关规定，对欺诈、违约行为除了返还财物外还应赔偿损失或支付违约金。但在刑事案件中只有退赃，没有赔偿。企业家在面对合同诈骗，刑民选择要综合分析利弊。刑事程序威慑力强，有可能促使诈骗人主动返还财产；借助公权力调查更易于查清事实；公安机关主动调查被告人财产及去向，易于追赃。民事程序立案容易，申请即受理；可以缺席审判，被告不到庭不影响其承担责任；赔偿范围广，不限于直接损失，还包括间接损失、约定的违约金及其他费用。

对于相对人并未潜逃的，可以先选择刑事报案。通常来说，犯罪分子得手或者暴露后会转移、潜逃。但如果行为人不认为是犯罪，或自以为犯罪过程设计周密，公安部门无法调查出相关证据，他们可能不会潜逃（这些年国家机关严厉打击的“套路贷”就是此类状况。套路贷在借贷过程中利用一系列的设计，将借款人的债务“合法”地快速增多，然后利用证据侵占借款人的财产）。如果公安机关认为构成犯罪予以立案侦查，嫌疑人会通过各种方式筹措款项赔偿被害人以减轻处罚；即使嫌疑人已将财产转移拒不归还，公安机关也有能力查询、控制涉案财物。若公安机关认为不构成犯罪，受害人仍可以重新起诉，通过民事程序维护权益。

案例 68　刑民选择

甲、乙公司签订彩电购销合同。甲公司付清一半货款后，乙公司发货，甲公司收到彩电进行了粗略检查即付了剩余货款。在销售时，甲公司发现乙公司提供的彩电仅外壳与合同中约定的某品牌彩电类似，里面的各种配件均是用电子垃圾组装的，质量奇差。沟通协调时，乙公司声称甲公司订购的就是此种电视机，如果认为质量不符可以向法院起诉。甲公司经考虑后认为，如果选择民事起诉，显然会胜诉，但是乙公司很可能已将货款转移，无法执行；而且一旦民事诉讼再报案，公安机关很可能不予立案；遂决定不起诉，先行报案。如果公安机关不予受理，再通过民事诉讼进行索赔。

甲公司先行委托相关部门进行鉴定，鉴定结论认为乙公司提供的彩电市场价值不值 100 元，远远低于甲公司所付的每台 2500 元的货款。

公安机关收到报案材料后，经研究认为乙公司的行为构成合同诈骗罪，予以立案。乙公司的负责人员丙被传唤到案后，很快承认了其意欲通过组装彩电诈骗钱财，并已将款项挥霍一空的事实。在案件侦查过程中，丙通过家属筹措款项，将赃款退还给了甲公司，甲公司出具了谅解书。法院在审判时考虑了这一情节，对丙予以从轻处罚。

【案例分析】

案例中，甲公司作出了明智的决定。如果起诉的话，法院虽会支持其诉讼请求，但由于丙已将款项挥霍一空，乙公司无财产可供执行，甲公司的损失无法弥补；此时再报案，公安机关很有可能不予受理。在乙公司显然构成合同诈骗罪的情况下，甲公司的报警决定非常正确。

刑事立案后，刑罚的威慑力充分显示了出来，丙很快供述并借钱还清了所骗款项。

在犯罪嫌疑人潜逃的情况下，应根据抓捕可能性与是否有财产保全的可能性进行谨慎决定。选择刑事报警，会更有利于查找财产，但若嫌疑人无法归案，则刑事程序只能停止，而民事程序又无法进行。选择民事起诉，胜诉可能性很大，有财产可能很快挽回损失；若无财产可供执行，公安机关很难再进行刑事立案。

理论上，合同诈骗罪与民事上的合同欺诈并不是对立的。嫌疑人的合同诈骗行为，性质上也是一种合同欺诈或者违约行为，只是更严重。所以，当刑事案件控制住财产却无法抓获嫌疑人时，当事人应积极与法院沟通，争取通过民事程序处置财产，挽回损失；当通过民事程序很可能无法获得赔偿时，当事人应积极与公安部门沟通，将收集到的证据提交，争取刑事立案，以威慑被告人自动履行或用刑事侦查手段深入查找财产。

案例69　刑民选择

李某与王某认识后，获悉王某资产丰厚，便刻意交好。一段时间后，李某以委托其帮忙放贷为由，向王某转账了1500万元，王某写了收据。一段时间后，李某声称急需用钱，要收回资金，并用新的手机号码让王某将款项付至朋友丁某的账号上。王某转款后，李某用新手机号告知已收到款项。一年后，李某起诉要求王某还款1500万元，并提供了转账记录与收据。王某抗辩已还款，并将手机记录与转账记录作为证据提供。李某否认王某提供手机记录与转账记录的关联性。因为提供的证据无法证明与李某相关，法院判决王某还款1500万元及利息。

强制执行过程中，王某向公安机关报案，公安机关以民事纠纷为由，不予立案。王某多次向公安机关、检察院反映情况，检察院认为应该立案受理。公安机关立案后抓获丁某，丁某供述李某与其合伙诈骗的事实，李某被抓后也如实供述。刑事判决生效后，法院依审判监督程序撤销了原判决。

【案例分析】

该案例类似于套路贷。因为民事诉讼的中立性，法院根据证据判决王某应承担民事责任并无不妥。公安机关通常情况下也不会对此予以立案。在王某的不懈努力下，公安机关立案后抓获了犯罪嫌疑人，犯罪嫌疑人很快供述事实，真相大白。王某能够洗刷冤屈的关键在于其积极与公安、检察机关沟通，最终得以立案；抓获犯罪嫌疑人后，在刑事程序中很容易查清真相。

了解了合同诈骗罪，企业家朋友在商业活动中更应谨守诚信原则，以免授人以柄，给对方留下通过刑事手段解决经济纠纷的机会。

第三篇

有力的执行

一、申请执行

强制执行，指人民法院按照法定程序，运用国家强制力量，根据发生法律效力文书明确具体的执行内容，强制民事义务人完成其所承担的义务，以保证权利人的权利得以实现。当义务方不主动履行生效法律文书确定的义务时，权利人可以申请法院启动强制执行程序。

在理想的法治环境中，当事人不论对裁判结果是否认可，都应该主动履行生效法律文书确定的义务。但在现实中，生效法律文书作出后有很大一部分当事人因不认可判决拒不履行，或者找种种借口拖延履行，使得胜诉方的权益无法实现。在这种情况下，胜诉方可以通过强制执行程序实现“纸面上的正义”。

◆ 1. 执行依据

哪些法律文书可以作为申请执行的依据呢？主要包括：法院作出的判决书、裁定书、调解书、支付令；仲裁裁决书与调解书；公证债权文书。当事人对生效判决、裁定、调解书不服的，可以申请再审。再审期间，中止原判决、裁定、调解书的执行程序。

仲裁采取一裁终局制，裁决书自作出之日起发生法律效力。仲裁一方当事人不履行生效仲裁裁决、仲裁调解书的，另一方当事人可以申请法院强制执行。以下两种情况，仲裁文书中止、终结执行：一是当事人向仲裁委员会所在地的中级人民法院申请撤销裁决的，执行程序中止。人民法院裁定撤销裁决的，应当裁定终结执行。撤销裁决的申请被裁定驳回的，人民法院应当裁定恢复执行。二是人民法院在执行过程中，被执行人提出证据证明仲裁裁决有下列情形之一的，经人民法院组成合议庭审查核实，裁定不予执行：（1）当事人在合同中没有订有仲裁条款或者事后没有达成书面仲裁协议的；（2）裁决的事项不属于仲裁协议的范围或者仲裁机构无权仲裁的；（3）仲裁庭的组成或者仲裁的程序违反法定程序的；（4）裁决所根据的证据是伪造的；（5）对方当事人向仲裁机构隐瞒了足以影响公正裁决的证据的；（6）仲裁员在仲裁该案时有贪污受贿，徇私舞弊，枉法裁决行为的；（7）人民法院认定执行该裁决违背社会公共利益的，裁定不予执行。

1991 年修订的《民事诉讼法》即已赋予了公证债权文书具有申请强制执行的效力，2000 年，最高院与司法部联合发出的《关于公证机关赋予强制执行效力的债权文书执行有关问题的联合通知》再次对此确认。但直到 2018 年《最高人民法院关于公证债权文书执行若干问题的规定》出台，公证债权文书的执行才被普及规范。企业家对于权利、义务简单明确的合同可以通过公证的方式赋予强制执行力，在产生纠纷后申请法院强制执行，可以避免诉讼、仲裁的繁冗程序，迅速维护权益。

◆ 2. 执行时效

当事人应当在申请执行时效内向法院申请执行案件。申请执行的期间为 2 年。申请执行时效的中止、中断，适用诉讼时效的中止、中断规定。申请执行时效期间，从法律文书规定履行期间的最后一日起计算；分期履行的，从最后一期履行期限届满之日起计算；法律文书未规定履行期间的，从法律文书生效之日起计算。

超过申请执行时效期间向人民法院申请强制执行的，人民法院应予受理。被执行人对申请执行时效期间提出异议，人民法院经审查异议成立的，裁定不予执行。被执行人履行全部或者部分义务后，又以不知道申请执行时效期间届满为由请求执行回转的，人民法院不予支持。

案例 70　申请执行时效 2 年

李某与王某因买卖合同发生纠纷，诉至法院。经调解，双方达成协议，法院制作了民事调解书。调解书内容为：1. 确认王某共欠李某货款 600 万元；2. 王某应分别于 2016 年、2017 年、2018 年的每年 1 月与 7 月底前还款 100 万元；3. 王某依协议第 2 条还款后，则债务清偿完毕，李某放弃相关利息；若王某未依协议第 2 条任一期还款，则李某有权要求王某立刻清偿全部债务，并按照每月 2% 标准自逾期之日起计收利息。调解生效后，王某并未依约还款，一直以各种理由要求延期付款。2019 年 8 月，李某向法院申请强制执行，本金 600 万元及利息、罚息。王某在收到执行通知后辩称，2016 年与 2017 年两年的应还款项已过申请执行时效。

【案例分析】

分期履行的债务自最后一期履行期届满日起算。因此，王某 2017 年 7 月之前的付款义务未过执行时效。

前文已经讲述过，不动产物权、登记的动产物权权利人请求返还财产的，不适用诉讼时效的规定。也就是说，不动产物权、登记的动产物权的权利人任何时候都可以请求返还财产，既不受 3 年诉讼时效限制，也不受最长 20 年权利保护期间限制。那么该规定是否同样适用执行时效呢？我国的法律并未规定，但基于不适用诉讼时效的理由，因不动产物权、登记的动产物权具有公示性，不适用诉讼时效与执行时效并不会妨碍交易安全，所以二者也不适用执行时效，任何时候都可以强制执行。多数法院在实务中也采取此种做法。

案例 71　不适用执行时效

2007 年 7 月，袁某和高某签订了房屋转让协议一份，后诉至法院。

原告袁某按约支付房款，但被告仅交付房屋但未能按约办理房屋过户手续。原告遂向法院起诉要求办理房屋过户手续并支付逾期办理过户手续的违约金。法院判决：1. 被告高某于判决生效之日起十日内协助原告袁某办理完毕房屋过户手续。2. 被告高某应支付原告袁某违约金10万元。被告未按照协议约定在规定时间内协助原告办理房屋过户手续，2011年11月原告申请法院执行，要求办理房屋过户手续；高某收到执行通知书后称该案已过执行时效，请求法院驳回袁某的强制执行申请。

法院认为，参照诉讼时效的相关法律规定，本案不应适用执行时效制度，故依法将涉案房产强制过户至袁某名下。

◆ 3. 申请恢复执行

在执行过程中，双方当事人可以达成和解，变更生效法律文书确定的内容。根据《最高人民法院关于执行和解若干问题的规定》第2条与《最高人民法院关于进一步规范近期执行工作相关问题的通知》第3条的规定，双方达成执行和解后，法院可以裁定中止执行；对和解需要长期履行的，可以终结执行。无论是中止执行，还是终结执行，当一方不履行和解协议时，另一方可以申请恢复执行原生效法律文书，亦可以就履行和解协议向执行法院提起诉讼。申请恢复执行受2年时效限制，自和解协议约定履行期间的最后一日起计算。

当被执行人确无财产可供执行时，法院会将案件“终结本次执行”。待申请人发现被执行人有财产可供执行时，可向法院申请恢复执行。这类案件的恢复执行没有时效限制，只要发现被执行人名下有财产，即可申请恢复执行。

◆ 4. 强制执行的内容

那么强制执行包括哪些内容呢？简单可分为金钱债务和非金钱债

务。金钱债务包括本金、判项利息、逾期罚息（延迟履行金）及诉讼费用（案件受理费、鉴定费、保全费等）。

法院在判项利息上最常使用的表述为:“利息以未清偿本金为基数，按每月 *% 的标准，自 * 年 * 月 * 日起计至款项清偿之日止。”所以具体利息金额多少，取决于义务人什么时候还清欠款。关于延迟履行金，1991 年修订的《民事诉讼法》便已规定“被执行人未按判决、裁定和其他法律文书指定的期间履行给付金钱义务的，应当加倍支付迟延履行期间的债务利息”。相关法律法规并未对“加倍支付”进行解释，造成了实践中的做法不一。

有意见认为是将判项利息加倍，但法律保护的借贷利息是“四倍银行同期贷款利率”，加倍则为八倍，计收标准过高，显然不利于被执行人；有意见认为是判项利息加上双倍银行同期贷款利率；还有意见认为就是双倍银行同期贷款利率。最高院于 2014 年发布《关于执行程序中计算迟延履行期间的债务利息适用法律若干问题的解释》，将“加倍支付债务利息”解释为“日万分之一点七五的利息”，在司法实践中得以普遍应用。

案例 72　金钱债务

甲、乙二人因投资纠纷诉至法院，法院判决：乙应于判决生效后十日内偿还甲投资款 200 万元及利息（利息每月 2%，自 2016 年 7 月 11 日起计至款项还清之日止）；诉讼费、保全费 1 万元由乙承担，向甲支付。判决书于 2017 年 6 月 30 日生效后，乙未履行义务，甲遂向法院申请强制执行。在执行过程中，乙于 2018 年 7 月 10 日向甲还款 206 万元，于 2019 年 7 月 10 日到法院询问其应还款金额，表示要当天还清全部款项。

【案例分析】

本案判决书生效日期为 2017 年 6 月 30 日，则乙应于 2017 年 7 月

10日前（履行期10天）还清款项。逾期未还，乙应自2017年7月11日起加倍支付迟延履行期间的债务利息（在司法实践中，按照日万分之一点七五计收）。

至2018年7月10日，乙共欠甲诉讼费与保全费1万元、本金200万元、一般债务利息96万元（200万元×2%×24个月）、迟延履行期间的债务利息（罚息）12.78万元（200万元×万分之一点七五×365），合计318.78万元。乙将206万元依次用于清偿诉讼费与保全费（1万元）、一般债务利息（96万元）、本金（109万元）后，尚欠甲本金91万元与罚息12.78万元。

2019年7月10日，乙共欠甲本金91万元、一般债务利息21.84万元（91万元×2%×12个月）、迟延履行期间的债务利息18.59万元（原罚息12.78万元＋新增罚息5.81万元）。

故乙于当日还款131.43万元即能清偿全部债务。

◆ 5. 迟延履行金

对于执行非金钱债务案件，被执行人同样应该支付迟延履行金。《最高人民法院关于适用〈中华人民共和国民事诉讼法〉的解释》规定，被执行人未按判决、裁定和其他法律文书指定的期间履行非金钱给付义务的，无论是否已给申请执行人造成损失，都应当支付迟延履行金。已经造成损失的，双倍补偿申请执行人已经受到的损失；没有造成损失的，迟延履行金可以由人民法院根据具体案件情况决定。司法实践中，很多当事人、律师甚至法官不了解这条规定，导致当事人不申请迟延履行金，或者当事人申请而法官不予执行。

案例73　　迟延履行金

甲、乙二人因房产买卖纠纷诉至法院。法院判决甲应于判决生效后十五日内退还购房款人民币100万元；乙应于判决生效后十五日内将涉案房产过户到甲名下。判决生效后，甲担心退款后乙不协助其过户房产，乙担心过户房产后甲不退还款项，故二人均未履行义务。一年后，乙向法院申请强制执行，要求甲偿还欠款100万元及罚息6.37万元。甲向法院表明未履行的原因后，甲要求其将款项付款法院，待乙协助将房产过户后，法院再将款项向乙支付。甲很快将款项支付到法院，乙最终也将房产过户登记到甲名下。案件执行完毕。

【案例分析】

该案中，既然甲未履行义务支付6.37万元的罚息，那么乙未将房产过户同样应付迟延履行金。因为房产与100万元房款为对价关系，法院酌定将迟延履行金同样确定为6.37万元比较合理。甲若在执行程序中提出主张，要求抵销延期履行金，理应得到支持。

◆ 6. 申请执行需要提交的材料

申请执行需要提交的材料，包括双方身份材料、执行申请书、执行依据。执行申请书应写明当事人信息、执行依据的生效时间、被执行人已履行情况、执行标的及财产线索。执行标的应详细列明本金、利息、迟延履行金及诉讼费用等。

应该注意的是，部分法院会参照诉讼程序“一事不再理”原则与“不告不理”原则，对申请人未申请部分不予执行，并且不可重新申请执行。所以在立执行案件时，建议将生效文书确定的全部义务均在执行申请书中予以列明。

另外，如果在诉讼阶段有申请财产保全的，应提供相关保全裁定书，一方面有利于法院迅速对已保全财产采取执行措施，提高执行效率；另一方面也可以提醒法院及时续封，避免保全到期而自动失效的情况发生。

二、金钱债务强制执行

在我国法治社会，只有人民法院才有权查询、强制执行债务人的名下财产，以清偿债务。

◆ 1. 私力救济的法律风险

即使债权已经被生效法律文书确认，权利人也无权对义务人及其名下财产自行采取强制措施。如果权利人私力救济，很容易引发纠纷，甚至会触犯刑法。

案例 74　私力救济的风险

江某与蒋某因投资产生纠纷，法院判决江某偿还蒋某 50 万元投资款。判决生效后，江某并未还款，也拒接蒋某电话。蒋某一怒之下，带着几个朋友强行进入住宅，抬走了房中的家电、沙发等物品。江某报警说蒋某抢劫，公安部门调查相关情况后认为：鉴于江某与蒋某的投资纠纷已经法律文书确认，不应认为蒋某有非法占有的目的，不构成抢劫；非法侵入他人住宅的行为情节轻微，不追究刑事责任。但蒋某目无法纪，未经他人准许强行进入他人住宅并抢走财物，违反了《治安管理处罚法》的相关规定，故责令蒋某返还物品，并对蒋某行政拘留十日。

【案例分析】

法治社会中，蒋某无权私自进入他人住宅，也无权拿走他人物品。其行为已经触犯了刑法，但考虑到事出有因，社会危害性不大，不予追究刑事责任，但免不了受到治安处罚。江某不履行债务，蒋某只能够向法院申请强制执行，由法院来执行江某的财产，清偿其对蒋某的债务。

《民事诉讼法》规定，执行员接到申请执行书或者移交执行书，应当向被执行人发出执行通知，并可以立即采取强制执行措施；被执行人未按执行通知履行法律文书确定的义务，应当报告当前及收到执行通知之日前一年的财产情况。被执行人拒绝报告或者虚假报告的，可以对被执行人或者其法定代理人、有关单位的主要负责人或者直接责任人予以罚款、拘留。

执行案件立案后，法院会向被执行人发出执行通知书、财产报告令、财产申报表等文书，责令被执行人履行生效法律文书义务、报告收到执行通知之日前一年的财产情况。如果被执行人没有填写并提交财产申报表，则法院可以以此对被执行人进行罚款、拘留。

与此同时，法院可以立即对被执行人财产采取强制措施，包括查询、冻结、扣划存款、提取工资、提取公积金、查封、拍卖、变卖等。

可供执行的财产线索主要有四种来源：法院查询、被执行人申报、申请人提供及悬赏公告。执行案件立案后，法院会利用内部联网的系统查询被执行人名下的银行存款、不动产、车辆、股票基金、股权、公积金、支付宝和财付通等情况。随着最高法院开发的查询系统不断完善，法院依职权查询的财产类型也会越来越多。

◆ 2. 悬赏公告

法院的系统查询结果未必全面，被执行人又往往不会主动申报财产，那么为了实现自身权益，申请执行人应积极查找被执行人财产，将财产线索提供给法院。法院会进行进一步核实，如果确实属于可执行的财产，法院就会立即进行处理。另外，也可以申请法院发布悬赏公告，向社会征集被执行人财产线索。悬赏金额由申请人决定和承担。

案例 75　悬赏公告

2016年2月，赵某因拖欠借款20万元被韦某告上法庭。经法官调解，双方自愿达成协议：赵某于2016年5月30日前分三次还清所有借款并承担诉讼费。协议到期后，因赵某未如约履行，韦某向法院申请强制执行。执行过程中，被执行人赵某一直拒不配合法院执行并四处躲藏逃避执行，因无法查找被执行人下落，案件陷入执行僵局。2019年4月22日，申请人韦某主动向法院提出申请，愿意悬赏执行，向提供赵某下落或财产线索者给予5000元奖励。根据韦某请求，法院向社会公布了相关悬赏信息。悬赏令发布后不久，有人发现被执行人赵某在巴马县一夜宵摊出现，向法院举报。法院干警接到举报后立即前往布控，于凌晨时分顺利将赵某控制。赵某被带到法院后表示愿意分期偿还，并于次日委托家人兑现了首期执行款5万元。申请人韦某也兑现了自己的承诺，向提供赵某线索者给付了5000元赏金。

【案例分析】

执行悬赏适用于那些被执行人将财产隐匿后拒不履行的案件，或者欠款金额不大、被执行人下落不明的案件。但对于被执行人确无财产的案件基本上没有效果。

被执行人名下的任何财产均可以进行强制执行，我们下面来分类了解一下如何执行。

◆ 3. 对收入的执行

收入包括工资收入、劳务收入、租金收入和分红收入等。法院冻结被执行人的收入，通常采取冻结银行账户的措施。但若被执行人变更收入账户或要求对方用现金支付收入，则以上措施便失去了作用。因此，申请人在法院冻结对应的银行账户后，还应申请法院对收入的支付人发送《协助执行通知书》，告知法院已依法对被执行人的收入进行冻结，并禁止被执行人变更收款账户或以现金方式收取收入。“收入的支付人”一般指工作单位、租户、被执行人享有股权的公司等。

◆ 4. 对股票、债券、基金份额的执行

小额股票，由法院前往被执行人开户的证券营业部强制抛售；对大宗股票与限售股票的处置，由法院决定采取大宗交易、司法网络拍卖、分拆处理等方式处理，处理方式不得违反《公司法》《证券法》与《上市公司收购办法》的相关规定。

通过证券交易系统交易的债券、证券投资基金份额等有价证券的强制执行，可参照小额股票的方式按照相关证券交易规则强制变价。

在新三板挂牌交易的股票，可以指令主办券商通过全国中小企业股份转让系统强制变价；不能通过全国中小企业股份转让系统强制变价的，应当采取网络司法拍卖的方式进行。

◆ 5. 对保险的执行

长期以来，“买保险可避税避债”“保险不会被强制执行”等说法在保险业一直流行。相关立法对保险能否被强制执行并无明确规定。浙江高院、江苏高院分别于 2015 年、2018 年出台了相关规定，对人身保险财产性利益问题进行了明确。

浙江高级法院规定：通知被执行人退保，法院应执行退保后可得的财产利益；被执行人下落不明或拒绝退保的，法院可以强制退保，执行退保后可得的财产利益。

江苏高级法院的规定更为细致，给予了被保险人与受益人选择权：投保人为被执行人，且投保人与被保险人、受益人不一致的，人民法院扣划保险产品退保后可得财产利益时，应当通知被保险人、受益人。被保险人、受益人同意承接投保人的合同地位、维系保险合同的效力，

并向人民法院交付了相当于退保后保单现金价值的财产替代履行的，人民法院不得再执行保单的现金价值。被保险人、受益人未向人民法院交付相当于退保后保单现金价值财产的，执行程序与浙江高级法院的相同。

江苏高级法院与浙江高级法院的规定在细节上有所不同，但都确认了法院在执行程序中有权对被执行人投保的保险产品强制执行。上述规定虽然只在江苏、浙江有效，但随着国家对“执行难”工作的重视，在加大执行工作力度的背景下，上述规定很可能会在全国得到推广。

案例 76　保险单的执行

陈某与杨某因货物买卖产生纠纷，陈某诉至法院。法院判决，杨某应赔偿陈某违约损失 15 万元。判决生效后，杨某未主动履行赔偿，陈某向浙江苍南法院申请强制执行。法院经财产查询，发现杨某有两份在富德生命人寿保险股份有限公司投保的“生命财富宝一号年金保险”保险单。苍南法院向保险公司送达相关法律文书，要求协助办理退保、执行等事项。保险公司收到文书后向法院提出执行异议，理由是人身保险金是具有人格属性的专属债权，不能因投保人的债权债务纠纷被强制执行。

苍南法院经审查认为：在投保有效期内未发生保险事故，保单的现金价值应归投保人即被执行人所有，苍南法院有权强制执行，故驳回异议。保险公司遂将上述保单的现金价值 5 万余元汇至苍南法院执行款专户。

【案例分析】

此案发生在 2017 年，浙江高级法院关于执行保险财产性利益的相关规定已出台，苍南法院依据该规定对保单进行强制执行。从法理上讲，相关法律规定与保险合同均赋予投保人退保的权利。法院对保单进行强制执行也不损害保险公司的利益，保险公司应当协助法院执行。

◆ 6. 对不动产的执行

我国的不动产现状复杂，有可自由流通的商品房；转让年限受限的福利房、微利房；转让主体受限的农村房屋；无登记的小产权房；以及其他违章建筑。土地同样如此；农村集体土地分为宅基地、耕地、建设用地；国有土地按取得方式分为划拨用地与出让用地，按用途分为住宅用地、商业用地、工业用地及其他。各类土地使用权及房产能否转让、转让条件、受让人主体限制、转让期限限制、是否欠地价都不尽相同。

除商品房外，其他不动产都缺乏具体、明确的规定，法院在处理的过程中通常非常保守，尽量不处置，导致众多申请执行人的债权无法得到实现。作者下面会对其他不动产的处置方式进行梳理，以方便企业家在申请强制执行过程中与法院沟通，尽快处置被执行人名下的不动产。

◆ 7. 对小产权房、无证房与转让受限的登记房产的执行

依据最高法院 2012 年发布的《最高人民法院关于转发住房和城乡建设部〈关于无证房产依据协助执行文书办理产权登记有关问题的函〉的通知》的意见，小产权房、无证房产都可以依法处置。具体处置程序简要概括为：符合办证条件的，行政部门协助办证；暂不具备办证条件的，行政部门待条件具备后协助办证；不具备办证条件的，以现状处置，处置前披露该房产不具备办证条件的事实，后续的产权登记事项及将来可能面临的拆除、拆迁及补偿不能等风险由买受人自行承担。

农村房产、城市福利房、微利房等转让受限的登记房产参照上述程序处理。

◆ 8. 对预售商品房的执行

预售商品房通常涉及一份三方合同：购房人交部分房款，其他款项以房产作抵押向银行贷款（房产尚不具备初始登记条件，尚不能办理抵押登记）；开发商在房产办理抵押登记前对购房者的贷款承担连带责任（抵押未登记，银行有风险）；购买者不依约偿还贷款，开发商代为偿还贷款后有权解除购房合同，并主张违约损失（购房者欠贷违约）。在房产尚未登记至购房者名下时，预售房屋权利人仍为开发商，购房者仅有物权期待权。购房人一旦违约，开发商有权主张解除合同，消除预售登记，返还已收取的房款即不再负有过户义务。法院将无权执行购房者已经进行预售登记的房产。若房价上涨，购房者会利益受损，法院只能强制执行开发商应返还的房款，申请执行人也会利益受损。

为平衡被执行人、申请人的利益，江苏高级法院统一规定：法院查封被执行人名下的预售商品房，应向开发商送达查封裁定；开发商不得要求解除合同，对抗人民法院的执行，也不得擅自向被执行人退款；法院处置涉案房产后，从变价款优先偿还开发商已退还被执行人的房款（查封前已退；查封后擅自退还的，由开发商自行追索）与银行贷款；剩余款项作为执行款清偿申请人债务。

笔者认为，江苏高级法院的规定在解决实际问题时有一定的操作性，会提高执行效率，但也可能损害开发商的权益。

案例 77　　预售商品房的执行

2012 年 10 月，A 向开发商 B 购房产一套，总价款 100 万元，A 首付 40 万元，剩余 60 万元向银行 C 贷款支付。A、B、C 三方签订按揭合同与担保合同：A 向 C 借款 60 万元，分 20 年还清，房产办证后办理抵押手续；在抵押登记前，B 对 A 的贷款承担连带保证责任；A 还款违约，B 有权解除合同，并要求赔偿 20% 的违约金。

2013 年 10 月，D 因合同纠纷起诉 A，法院判决 A 应还款 80 万元给 D。

A未自动履行，D申请强制执行，法院查封了A所购房产，拟强制处置。B向法院起诉要求解除购房合同，并要求A赔偿违约金20万元。此时房价已上涨了50万元。

【案例分析】

（1）B的诉讼请求符合法律及合同约定，B有权要求合同解除，注销预售登记，收回房产；B应向A退还40万元购房款；A应承担20万元的违约赔偿；B共计可获得70万元的利益（20万元违约赔偿+房价上涨50万元）。而D在执行案件中仅能受偿40万元（B退还给A的购房首期款）。

（2）如果依据江苏高院的规定，B无权主张解除合同，法院将房产拍卖，成交价即为市场价150万元。用150万元偿还银行贷款（不多于60万元）后，再扣除对B的违约金20万元，剩下的70万元均可以用于清偿D的债权。

不得不说，江苏高院的规定片面地考虑了申请执行人和被执行人的利益，而损害了B的利益。

◆ 9. 对知识产权的执行

法院对被执行人名下的著作权中的财产性权利、专利权、商标权可以强制执行，将变价款用以清偿债务。

◆ 10. 对车辆的执行

对被执行人名下的车辆可以进行拍卖，有三点应予注意：第一，车辆价值易贬损，应尽快处置；第二，查封车辆时不应禁止年检。《机动车强制报废标准规定》（2012第12号令）规定：机动车在检验有效期届满后连续3个机动车检验周期内未取得机动车检验合格标志的，应当强制报废。很多案件在查封车辆时均要求车管所“不予定期年检”，会导致车辆拍卖时已经报废，无法过户。因此，在查封车辆时应申请法院不采取“不予定期年检”的强制措施。第三，注意限购政策。现在很多城市实施限制政策，在拍卖前应调查清楚车辆拍卖与竞买主体是否有限制。

◆ 11. 对股权的执行

被执行人名下可能有一个甚至几个皮包公司的股权，可能毫无价值，即使拍卖也没有人会竞买。企业家对此类股权不应抱太大期望。

◆ 12. 对第三人债权的执行

被执行人对第三人的到期债权与被执行人收入类似，不同之处在于到期债权通常数额较大，并可一次性履行；而收入则是长期的、逐次履行的。被执行人对第三人的到期债权的强制执行程序为：法院作出冻结债权裁定书，通知第三人向申请人履行；第三人未提出异议、亦未履行的，人民法院可以强制执行；第三人提出异议的，人民法院不得强制执行，申请执行人可以提起代位权诉讼；如果被执行人对第三人的债权已经进入了执行程序（简称B案），申请人可申请法院直接执行B案中的执行款。

案例78　第三人债权执行

（2016）最高法执监25号。贤顺公司（申请人）、李某（被执行人）、华北公司（第三人）执行监督案中，最高法院认为：对于被执行人到期债权的执行，必须符合三个要件：一是第三人向被执行人负有金钱债务，二是该债务已届履行期，三是第三人对该债务并未提出异议。申请执行人在执行程序中根据到期债权执行制度对第三人申请执行，前提是第三人对债务并未提出异议。一旦提出异议，则不得对第三人强制执行。且对异议不进行审查，这是现行法律对限缩执行裁量权的制度要求。本案中，执行法院向华北公司送达相关法律文书，要求该公司支付到期工程款1000万元，华北公司表示李某工程进度未达到节点要求，即对债务尚未届满履行期限提出异议。执行法院扣划、冻结华北公司银行存款1000万元后，华北公司再次以李某对其公司已无债权为由提出执行异议。华北建设公司在本案中系作为负有到期债务的第三人，在执行过程中已对债务提出异议，无论异议是否成立，执行法院均不应进行实质审查，应释明申请执行人提起代位权诉讼予以救济，而不得直接对华北建设公司予以强制执行。

◆ 13. 对夫妻共有房产的执行

夫妻间的共有房产有三种外观：单独登记在被执行人名下、共同登记在被执行人与其配偶名下、单独登记在被执行人配偶名下。

（1）单独登记在被执行人名下的房产，若配偶不提出异议，法院会将变价款全部用以清偿债务；若配偶提出异议，法院通常会支持是夫妻共同财产，配偶有权领取变价款的一半。

（2）共同登记在被执行人与其配偶名下的房，法院将整体拍卖，配偶有权领取其在房产所占份额对应的变价款。

（3）单独登记在被执行人配偶名下的房产，因为法院只查询被执行人名下财产，通常不会知悉房产的存在。法院通过申请人提供财产线索、被执行人申报或悬赏得知的被执行人的配偶的房产信息，应该依法对房产予以查询并采取措施。但在实践中，由于部分法院对被执行人财产的机械理解，对配偶名下的财产不予查询处理。企业家遇见这种状况时，应据理力争，积极沟通，申请法院将被执行人配偶名下的房产查封、处置；处置后，配偶有权领取其在房产所占份额对应的变价款。

（4）执行时对夫妻共同财产变价款的分配份额原则上平均分配。申请人、被执行人或其配偶对比例有异议的，可提起执行异议之诉。

◆ 14. 对其他共有房产的执行

对登记在被执行人与案外人（非配偶）名下的房产，法院应整体处置；处置后，案外人有权领取其在房产所占份额对应的变价款。在共有房产中所占比例以登记为准，未登记的以出资份额为准，无出资额的，案外人占平均比例。申请人、被执行人或共有人对比例有异议的，可提起执行异议之诉。

◆ 15. 对共有车辆及其他动产的执行

车辆及其他动产作为共有财产的，能够实物分割的，先行分割再处置被执行人的财产；不能分割的，依共有房产方式处置。

◆ 16. 被执行人预留份额

《民事诉讼法》规定“被执行人未按执行通知履行法律文书确定的义务，人民法院有权查封、扣押、冻结、拍卖、变卖被执行人应当履行义务部分的财产。但应当保留被执行人及其所扶养家属的生活必需品。”

很多执行案件中，法院要拍卖被执行人名下的房产，被执行人就以“唯一住房”为由拒不配合。根据《最高人民法院关于人民法院办理执行异议和复议案件若干问题的规定》，金钱债权执行中，符合下列情形之一，被执行人以执行标的系本人及所扶养家属维持生活必需的居住房屋为由提出异议的，人民法院不予支持：

（1）对被执行人有扶养义务的人名下有其他能够维持生活必需的居住房屋的；

（2）执行依据生效后，被执行人为逃避债务转让其名下其他房屋的；

（3）申请执行人按照当地廉租住房保障面积标准为被执行人及所

扶养家属提供居住房屋，或者同意参照当地房屋租赁市场平均租金标准从该房屋的变价款中扣除 5~8 年租金的。

可见，被执行人名下的唯一住房也可以被执行，只要能够保障其基本生活条件即可。在实践中，一般会在拍卖后给被执行人预留 5~8 年租金。

三、行为义务强制执行

行为义务强制执行案件的内容主要有：停止侵害，排除妨碍，消除危险，返还财产，恢复原状，修理、重作、更换，继续履行，消除影响、恢复名誉，赔礼道歉。

部分行为义务执行案件具备执行条件，如排除妨碍、赔礼道歉等；部分不具备执行条件，如应返还的特定物已灭失，实际上已无返还可能。具备执行条件的案件，可由法院依法通过搜查、扣押交付、强制过户等强制手段实现，或者由他人代履行（代履行产生的费用由被执行人承担）。不具备执行条件的案件，应驳回执行申请或裁定终结执行，申请人可另遁法律途径要求被执行人赔偿损失。

◆ 1. 代履行

案例 79　代　履　行

甲、乙公司在同一层楼办公。乙公司在装修时将空调主机安装在楼层的公共空间，妨碍了甲公司员工的进出。甲公司与乙公司协商未果后向法院起诉，法院判决乙公司将空调主机搬离占用的公共空间。判决生效后，乙公司未将空调搬离，甲公司申请强制执行。在执行过程中，乙公司拒不将空调搬离，法院通知甲公司自行将空调拆除搬离，相关费用由乙公司承担。甲公司遂请工人将空调拆除搬离，法院将拆除费用 3000 元从乙公司账户扣划交付甲公司，并对乙公司的拒不履行行为罚款 5 万元。

【案例分析】

本案的执行内容为排除妨害，即将涉案空调主机拆除、搬离。在乙公司拒不履行的情况下，法院允许甲公司代履行，履行费用由乙公司承担。同时，乙公司拒不履行生效法律文书确定的义务，法院对其处以罚款，维护了法律的尊严。

◆ 2. 对返还财产的执行

返还财产执行案件，执行流程根据执行标的是特定物还是种类物有所不同。特定物，是指具有独立特征或被权利人指定，不能以它物替代的物。如一件古董、名人的字画等。

种类物是指以品种、质量、规格或度量确定，不需具体指定的物，如级别、价格相同的黄沙、水果等。特定物与种类物具有相对性，如一辆车，厂家出产的同一品牌型号、同一批次的车是种类物，消费者购买后该车即特定化；又如一件种类物因为时间或者赠与人的因素变得有纪念意义，对使用人而言即变为特定物。

区分特定物与种类物的法律意义在于该物意外灭失时的法律后果不同。特定物意外灭失的，可以免除义务人的交付义务，而权利人只能请求赔偿损失；种类物意外灭失的，由于其具有可替代性，不能免除其交付义务，义务人仍应交付同类物。

被执行人未依执行通知书返还特定物，能够提供证据证明特定物已灭失的，则其交付义务可以免除，案件应终结执行。申请执行人可以另行提起诉讼要求被执行人赔偿损失。被执行人既不履行返还义务，也不进行合理解释的，法院可以通过搜查、扣押方式将特定物强制执行交付申请执行人。也可以通过罚款、拘留等强制措施威慑被执行人自动履行义务。通过这两种措施仍不能交付特定物的，申请执行人可以申请法院继续执行，继续寻找线索提供给法院要求法院搜查，也可以提起诉讼要求被执行人赔偿损失。

返还种类物的，申请人可以申请法院搜查、扣押后强制交付。也可以申请法院采取强制措施威慑被执行人自动履行义务。当上述措施无效时，申请执行人不需要另行提起诉讼要求被执行人赔偿。因种类物的价格可以通过市场或者评估确定，所以当无法强制执行时，申请人可以尝试申请法院评估确定种类物的价格，并执行等额金钱；亦可以自行购买，视为代履行，由法院强制执行代履行的费用。这两种方式均是将行为之债转化为金钱债务，但在实际操作中要与承办法官沟通，取得法院同意。

案例 80　　返还公章

长成公司经营管理过程中，法定代表人严某与股东产生纠纷。2013 年 11 月 15 日，长成公司召开股东会，形成有效股东会决议，内容包括将长成公司经营期限延长十年，选举王某为长成公司执行董事兼法定代表人等。严某不配合办理长成公司相关工商变更登记手续，亦不同意交出公章。原告长成公司起诉要求判令被告严某返还公章。被告严某承认公章由其掌握，但辩称大股东尚被羁押，股东会决议无效。法院经审理，判决严某应于判决生效之日起七天内向长成公司返还公章。严某未履行返还义务，长成公司申请强制执行。在执行阶段，严某辩称公章已丢失。

【案例分析】

本案中，严某作为前法定代表人，在尚未进行工商变更登记的情况下持有公章，给公司带来极大风险。其代表公司所作出的行为，很大可能构成表见代理，由公司承担法律责任。因此，在严某拒不配合办理相关工商变更登记手续，亦不同意交出公章的情况下，长成公司提起诉讼要求其返还公章是非常有必要的。

公章在物的分类上具有特殊性：从唯一性的角度看，公章是特定物；从可代替性的角度看，公章是种类物。在公章损坏或丢失后，公司可以重新申请补刻公章，补刻的公章完全可以代替原物。案例中，公司起诉、申请执行的目的一是取回公章可以保障公司进行正常民商事活动；二是防止严某滥用公章损害公司利益。第一个目的可以通过补刻公章方式实现。第二个目的公司可以通过登报公告将股东会决议内容及判决、执行经过公开，声称严某所持公司公章的一切行为均是无权代表，与公司无关。在生效法律文书的威慑及登报公告的情况下，公司担忧的第二个问题也基本能够得以解决。

综上分析，在严某声称公章已丢失的情况下，如果申请人能够提供相关线索，法院可以进行搜查。搜查不到后，法院应通知申请人依程序补办公章，责令严某配合申请人补办公章，并告知其若发现公章应及时交还申请人，不得利用公章代表公司进行任何法律行为。

◆ 3. 对恢复原状的执行

对恢复原状的执行是指恢复权利被侵害前的原有状态。如通过消除影响使被侵害的名誉权得到恢复；修复被损害的物品等。合同纠纷中，租赁人、保管人等因不当使用、保管，使物品受损，应承担将物品恢复原状的民事责任。恢复原状执行案件的难点在于“原状”如何确定。以房屋租赁为例，房屋的朝向、主体结构等在主管部门均有登记，容易确定；但以前的装修设计、室内分割、所用材料等如果合同中没有明确的约定，“原状”也就无法确定。司法实践中，法院应根据实际情况对“恢复原状”进行合理解释，恢复原状的适用以修复的可能性与必要性为前提。租赁合同中，最宽松意义上的“恢复原状”指完成财产主体功能的修复即可，被执行人使用涉案标的过程中产生的正常损耗不应承担恢复责任，仅应承担对物体主体结构、功能上的恢复原状义务。

而严格意义的“恢复原状”则指恢复到权利被侵害前的原有状态。被执行人无权使用而使用，或使用过程中存在明显过错的，给物品造成损害的，应承担更严格的“恢复原状”义务。

案例 81　　恢复原状

甲于2005年购买了一个商铺。为了商铺价值提升，甲与其他商铺的业主均与乙公司签订了租赁合同，主要内容为：租期十年，乙公司每月支付租金，乙公司统一规划，统一招商。2015年合同到期后，甲、乙双方不能就租赁合同达成一致协议，乙仍继续使用。甲起诉要求乙公司将商铺恢复原状并返还，法院判决支持了该诉讼请求。乙公司未依判决书履行义务，甲申请强制执行。

在执行过程中，甲提出其在购买商铺时，商场的公共空间电梯，现在已被乙公司拆除占用，应一并恢复；乙公司表示判项中的“恢复原状”仅指甲名下的商铺，甲无权申请公用面积的事项。

法院认为：公用电梯及其所占空间是商场内所有商铺业主的共有产权，在判决未进行明确的情况下，“恢复原状”是否包括电梯等公共空间涉及申请人、其他业主及被执行人的实体利益，法院在执行阶段不宜审查判断。法院在被执行人将涉案商铺依建筑图纸恢复原状并交付申请人后，认为案件已执行完毕，予以结案。

【案例分析】

案例中，甲要求乙恢复电梯等公共空间的原状具有合理性。但该主张涉及多方利益及原合同约定，法院在执行阶段进行审查判断有违审执分离的司法原则，故不予处置。甲可以通过另行提起诉讼的方式请求确认乙是否有义务恢复公共空间的原状；如果乙拆除电梯违反了相关行政管理法律，甲也可以通过行政途径维护自身利益。

案例 82　　恢复原状

顾某租用何某一处商铺，租赁时间为2015年7月15日至2018年7月15日。合同到期前，何某告知顾某合同期满后不再续租，顾某应在合同期满当天将商铺清空后交还。合同到期，顾某并未如期腾退商铺，且拖欠了部分租金，于是何某向法院提起诉讼。经法院调解达成协议，确认顾某须在 2019 年 2 月 18 日前将商铺恢复原状后交还给何某，并支付拖欠租金。顾某未履行义务，何某申请强制执行。

执行过程中，何某和顾某对“原状”的含义存在分歧，顾某认为：商铺当前状态与出租时的状态已截然不同。如果何某要求将商铺恢复成 2015 年的状态，远超出他在调解时的心理预期，且双方均没有照片或图纸可以证明商铺原来的状态。何某认为：若顾某仅将损耗、损坏的物件进行翻新和修复，那么他还要对房子重新装修才有利于继续出租。

执行人员分析了双方的核心利益。对何某而言，尽快出租收益是其核心利益。对顾某而言，因他已经找到新店面，尽快腾退，减少租金、滞纳金是其核心利益。因此，结案了事是双方的共同愿望与利益所在。最终，在法院主导下，双方一致同意顾某给付何某 3 万元即完成“恢复原状”的义务，该案执行完毕。

【案例分析】

本案中，双方对“恢复原状”的理解有分歧，在法院的主持下双方达成合意，以金钱交付代替“恢复原状”义务的履行。

为了避免类似情况的发生，建议企业家注意保存证据，尤其在租赁合同中，应当附以照片、图表、说明书等文件，将租赁物交付时的状态样貌进行双方确认，防止在合同解除时双方各执一词。

◆ 4. 对更换、重做，继续履行的执行

根据《民法典》第 582 条的规定，履行不符合约定的，应按照当事人的约定承担违约责任。违约责任没有约定或者约定不明的，受损害方根据标的的性质及损失大小，可以合理选择请求对方承担修理、重作、更换、退货、减少价款或者报酬等违约责任。

案例83　更　换

甲公司是苏州一家刚成立的外资公司。因工作需要，甲公司向乙汽车租赁公司承租了10台汽车，包括小汽车二台、商务车五台、中巴三台。合同对租期、租金、使用目的等进行了约定。在合同履行过程中，乙提供的车辆经常出现故障。尽管乙提供了维修服务，但甲认为乙提供的车辆状况不合格，要求解除合同，并请求乙支付违约金。

法院认为，乙依合同交付甲使用的车辆频繁出现故障，属于瑕疵履行，但不构成根本违约。解除合同并承担违约责任对于乙来说过于苛刻。关于瑕疵履行，乙应承担更换合格车辆的违约责任。法院最终判决乙公司应在判决生效后十日内将出租给甲公司使用的汽车更换为状况良好的汽车。后乙公司未履行判决书确定的义务，甲公司申请强制执行。乙声称，其认为所有经过年检的汽车都是状况良好的汽车，不知道判项中的“状况良好”如何确定。

法院在听取了双方意见后，主持双方沟通：

（1）年检是车辆管理部门为保障交通安全而强制进行的一项制度，主要目的是保障汽车行驶安全，“安全保障”是一项车辆使用的最基本要求，并不等同于“状况良好”；

（2）承租人租赁汽车的目的是使用，若汽车经常发生故障，即使乙公司负责维修，也必然会影响承租人的使用。承租人的要求有合理性；

（3）随着使用时间的延长，车辆出现各种故障的概率增大是一种必然性；建议双方以此角度协商如何更换租赁标的。

最终在法院的主持下，双方达成了和解协议：乙公司在一个月内将甲公司承租的车辆更换为出厂时间不超过三年的同款车辆；租赁期间内，车辆超过三年的，甲公司有权要求继续更换。

【案例分析】

车辆租赁合同中，若车辆出现常规故障，由出租人负责修理是其义务。案例中，当出租车辆出现故障时，乙公司自觉履行了修理义务，是依诚信原则履行合同的体现。车辆出现故障是不可避免的，在合同没有就车辆质量明确约定的情况下，甲公司要求解除合同、乙公司赔偿违约金的请求过于苛刻。但当车辆频繁出现故障时，显然会给承租人带来不便，不符合甲公司租赁车辆的目的，因此，法院判决继续履行合同，要求乙公司更换出租车辆是合理的。可是，在执行过程中，“状况良好”的不明确性又带来了新的问题。严格来讲，车辆使用时间与车况有关系，但没有必然关系，但双方在法院的引导下，本着继续履行合同的意愿对如何履行判决达成了和解协议，对双方都有利。

案例 84　重　做

甲公司需定制一批办公家具。乙公司在听取了甲的意见后，进行了实地测量，双方对定制家具的样式、材料、尺寸及总体数量进行了确认，并约定了交货时间与价格。乙依约定交付了家具，甲依约支付了总价款的 70%。在安装及后续的使用过程中，甲发现部分家具尺寸符合约定，但受场地限制，无法安装；部分家具材料不符合约定标准。乙认为尺寸符合约定，不应承担违约责任；部分家具的质量问题属于瑕疵，可以赔付部分违约金。双方协商不下，甲向法院起诉，要求乙重做家具。法院判决支持了甲公司的诉讼请求。乙对判决有抗拒心理，未自动履行。甲申请强制执行，法院向乙送达了执行通知书。乙同意对无法安装及质量不符合约定的家具重新制作。

【案例分析】

本案中，虽然家具尺寸符合约定，但是很显然，甲公司签订合同的目的就是定制能够适合其办公使用的家具。乙是专业的家具生产公司，合同约定的尺寸亦由乙实地测量，甲基于对乙的信任而未予核对符合常理。乙应自行承担其测量尺寸不准的后果，重作家具。

继续履行，又称强制履行，是指在违约方不履行合同时，基于守

约方的履行请求，法院强制违约方继续履行合同。与支付违约金，赔偿损失等方式相比，继续履行更有助于实现当事人当初的缔约目的。从鼓励商事交易和合同履行的角度出发，在符合法律相关规定的前提下，法院更应支持。

判项为“合同有效，继续履行”的法律文书能否申请强制执行具有争议性。一种观点认为，此类判决属于确认之诉的判决，没有执行内容；也不符合《最高人民法院关于人民法院执行工作若干问题的规定（试行）》第18条关于“执行标的明确”的立案标准。因此，此类判决应当由当事人自行履行，履行过程中产生争议的，重新起诉解除合同或承担违约责任。

相反观点认为，继续履行是法定违约责任方式之一，这种违约责任只有经过强制执行，才能保障守约方的民事权益；关于“执行标的明确”的要求，即使判决主文中没有直接写明当事人的义务，但结合经过判决确认的合同条款分析，一般能够判断出合同尚未履行的剩余内容，从而得出明确的执行标的，符合立案标准。关于这一问题，法院在执行过程中没有统一的规定指引，也尚无成熟的做法。

案例85　继续履行

A公司将政府出让给自己的涉案土地转让给B公司。双方约定A的义务为完成拆迁、土地平整，达到《城市房地产管理法》第39条规定的条件后办理产权过户。A违约，B诉请继续履行合同，转移争议土地。法院审理后认为：合同有效，继续履行。A未履行义务，B申请强制执行。

法院在执行过程中发函询问土地管理部门涉案土地能否依现状强制过户，行政部门回复称涉案土地尚未达成《城市房地产管理法》中土地使用权的转让的完成开发程序，无法办理转让手续。据此，法院以该案尚不具备执行条件为由，裁定终结执行。

【案例分析】

该案中，法院认为根据《城市房地产管理法》第39条的规定，将涉案土地强制过户的条件尚不具备，不应越过法律的强制性规定采取强制执行行为。

我们认可法院不强制过户的决定，但可以通过以下方式进一步完善执行行为：

（1）代履行。法院可裁定申请人有权按照土地出让合同约定代支付土地出让金、代开发，代申请土地使用权证书与房屋所有权证书。上述行为均是被执行人依合同约定应履行的义务，在被执行人拒不履行或无能力履行的情况下，可以让申请执行人代履行，代履行的费用由被执行人承担；

（2）涉案土地符合《城市房地产管理法》第39条关于土地使用权的转让条件，且申请人履行了合同约定的义务后，法院可以强制将涉案土地过户至申请人名下。

案例86　继续履行

A公司、B公司与C公司签订合同约定：（1）A与B共同转让涉案土地给C；（2）由A负责与B及案外人D公司共同向政府申请，调整三方毗邻土地的拟建容积率（包括涉案转让土地及案外人D的土地）；（3）C负责委托设计上述毗邻三块土地的规划方案，经A、B及D认可后报有关部门批准。履行合同过程中发生纠纷，合同停滞不前。C诉至法院要求继续履行。法院判决合同有效，继续履行。被执行人均未自动履行义务，C公司申请强制执行。

法院在审查后认为，判项内容不明确，无法强制执行，裁定终结执行。

【案例分析】

案例中合同基本内容有三项。我们认为第二项（共同申请调整涉案土地及相邻土地容积率）、第三项（认可C公司委托设计的规划方案后报批）均涉及相邻土地及案外人D的利益，且认可、共同申请均涉及涉案方的意志，内容无法强制执行，法院对该两项内容予以终结执行是正确的。关于第一项内容应视其是否以第二项、第三项内容履行完毕为前提而定，若以后者为前提，则强制执行条件尚不具备，则应终结执行；若不以后者的履行完毕为前提，则应强制予以过户。

案例87　继续履行

A公司与B公司签订《项目经营权转让协议》约定：A支付B一定款项后，B将涉案土地使用权转让给A。转让的方式是双方共同成立新公司，B公司以涉案土地经营权入股，然后将全部股份转让给A。在A支付款项后，B未履行新公司注册与股权变更等义务，遂引发诉讼。法院判决：转让协议合法有效，继续履行。在强制执行过程中，执行法院在执行中裁定将被执行人的土地使用权过户给申请人。

【案例分析】

该案涉及两个问题：一是能否代申请成立公司；二是能否越过合同约定的履行次序，直接采取强制措施实现合同目的。关于第一个问题，我国《公司法》中的有限责任公司性质是资合性，但也具有人合性的特点，主要表现在股东之间是基于相互间的信任而集合在一起的，股东间的关系较为紧密。人合性在立法上具体表现为成立公司需股东自愿，股份转让必须征得其他股东同意等。因此，案例中的申请人不得违背被执行人意愿代其申请成立公司，即使该义务已在合同中约定。第二个问题，应考虑越过合同约定的履行次序与方式是否违反法律强制性规定、是否损害当事人的利益。本案中，双方约定的设立公司转让股权行为的最终目的是让A取得涉案土地使用权（合同中如此约定的目的也许是考虑避税）。执行法院直接将土地使用权过户给A符合合同目的，并且既不损害A的利益，也不违反相关法律强制性规定，属合理执行，有效保障了申请执行人的权益。

四、强制措施

经生效法律文书确定的义务，当事人必须履行。法院在强制执行过程中有权采取搜查、冻结、查封、扣划、拍卖等方式直接强制执行被执行人名下财产以清偿其所欠债务。当被执行人有能力履行义务却拒不履行，或者有其他抗拒法院强制执行的行为时，法院可以对其采取限制高消费、列入失信被执行人名单、限制出境、罚款、拘留等强制措施。被执行人如果抗拒执行情节严重的，涉嫌拒不执行判决、裁定罪，法院可追究其刑事责任。

◆ 1. 限制消费

限制消费。根据《最高人民法院关于限制被执行人高消费及有关消费的若干规定》，被执行人未按执行通知书指定的期间履行生效法律文书确定的给付义务的，人民法院可以采取强制措施，限制其高消费及非生活或者经营必需的有关消费。限制消费措施一般由申请执行人提出书面申请，经人民法院审查决定，人民法院也可以依职权决定。

在司法实践中，很多法院都会依职权对被执行人限制消费。被执行人是法人的，法院对其法定代表人、主要负责人、影响债务履行的直接责任人员限制消费。上述人员以个人财产实施高消费行为的，可以向执行法院提出单次申请。执行法院审查属实的，应予准许。

被限制消费后，不得有以下行为：

（1）乘坐交通工具时，选择飞机、列车软卧、轮船二等以上舱位；

（2）在星级以上宾馆酒店、夜总会、高尔夫球场等场所进行高消费；

（3）购买不动产或者新建、扩建、高档装修房屋；

（4）租赁高档写字楼、宾馆、公寓等场所办公；

（5）购买非经营必需车辆；

（6）旅游、度假；

（7）子女就读高收费私立学校；

（8）支付高额保费购买保险理财产品；

（9）乘坐G字头动车组列车全部座位、其他动车组列车一等以上座位；

（10）其他非生活和工作必需的消费行为。

被执行人违反限制消费令进行消费的行为属于拒不履行人民法院已经发生法律效力的判决、裁定的行为。经查证属实的，可予以拘留、罚款。情节严重，构成犯罪的，追究其刑事责任。

在被限制消费期间，被执行人提供确实有效的担保或者经申请执行人同意的，人民法院可以解除限制消费令。被限制消费的被执行人因生活或者经营必需而进行本规定禁止的消费活动的，应当向人民法院提出申请，获批准后方可进行。需要单次申请，单次有效。

案例88　限制消费

某房地产开发公司在法院有98件执行案件未履行完毕，仅债务本金就已达1.03亿元。其法定代表人韦某及妻子麻某也是部分案件的被执行人。执行过程中韦某多次与申请执行人达成和解协议，但并没有积极履行。2017年12月7日，法院向韦某发出限制消费令，其中明确规定不得有旅游、度假等高消费行为，并将韦某身份信息纳入限制高消费系统。2018年2月23日，韦某持护照出境前往泰国普吉岛等地旅游。法院获知后，依法对韦某拘留15日，并对韦某所住的别墅采取搜查措施，查获大量收藏品，扣押宝马车一辆。

【案例分析】

本案中，韦某身负多起债务不还，却还住着别墅、开着豪车。在法院向其发出限制消费令后，仍不积极偿还债务，反而出境旅游，挑战司法权威。执行法院对其依法拘留、搜查扣押措施合法合规。

◆ 2. 列入失信被执行人名单

根据《民事诉讼法》相关规定，最高人民法院制定了《关于公布失信被执行人名单信息的若干规定》，将不诚信的被执行人纳入失信被执行人名单，统一向社会公布。将被执行人纳入失信被执行人名单一般由申请执行人提出书面申请，经人民法院审查决定；必要时人民法院可以依职权决定。被执行人为未成年人的，人民法院不得将其纳入失信被执行人名单。

被执行人未履行生效法律文书确定的义务，并具有下列情形之一的，人民法院应当将其纳入失信被执行人名单，依法对其进行信用惩戒：

（1）有履行能力而拒不履行生效法律文书确定义务的；

（2）以伪造证据、暴力、威胁等方法妨碍、抗拒执行的；

（3）以虚假诉讼、虚假仲裁或者以隐匿、转移财产等方法规避执行的；

（4）违反财产报告制度的；

（5）违反限制消费令的；

（6）无正当理由拒不履行执行和解协议的。

对于不同的情形，列入失信被执行人名单的期限也有不同的规定：（1）上述第1项情形，列入失信被执行人名单没有期限限制；（2）第2项至第6项规定情形的，纳入失信被执行人名单的期限为2年。被执行人以暴力、威胁方法妨碍、抗拒执行情节严重或具有多项失信行为的，可以延长1年至3年。法院将失信被执行人名单信息录入最高人民法院失信被执行人名单库，并通过该名单库统一向社会公布。

各级法院可以根据各地实际情况，将失信被执行人名单通过报纸、广播、电视、网络、法院公告栏等其他方式予以公布，并可以采取新闻发布会或者其他方式对本院及辖区法院实施失信被执行人名单制度的情况定期向社会公布。

在司法实践中，当被执行人是法人且没有可供执行的财产时，以前法院的做法通常是将法人的法定代表人直接进行限制高消费并列入失信名单，但《最高人民法院关于在执行工作中进一步强化善意文明执行理念的意见》有了新的规定，单位是失信被执行人的，人民法院不得将其法定代表人、主要负责人、影响债务履行的直接责任人员、实际控制人等纳入失信名单。不过该《意见》并没有禁止对上述人员进行限制高消费。

全日制在校生因“校园贷”纠纷成为被执行人的，一般不得对其采取纳入失信名单或限制消费措施。

案例 89　　列入失信被执行人名单

一起买卖合同纠纷案件中，被执行人陈某的房产被拍卖后，仍未能足额偿还欠款，并且法院也联系不到陈某。执行法官随即将陈某纳入失信被执行人名单，并为其手机号码定制专属“失信彩铃”。当他人拨打陈某的电话时，会听到彩铃声音：“你拨打的电话机主已被列入失信被执行人名单”。最终，陈某被迫现身，一次性偿还剩余 17 万元欠款。

【案例分析】

部分法院通过移动、电信等通信服务商向被执行人的朋友、社交圈公布被执行人失信信息是一种很有效的执行措施。应该注意的是，部分法院在公布失信被执行人名单时不注重措辞，直接将失信被执行人称为“老赖”，既不严谨规范，也有伤害他人人格的嫌疑，应予以避免。

法院可以将失信被执行人名单信息向政府相关部门、金融监管机构、金融机构、承担行政职能的事业单位及行业协会等通报。供相关单位依照法律、法规和有关规定，在政府采购、招标投标、行政审批、政府扶持、融资信贷、市场准入、资质认定等方面设卡，对失信被执行人予以信用惩戒。

案例 90　　列入失信被执行人名单

被执行人某公司因民间借贷纠纷经法院判决后，仍不履行义务，案件进入执行程序。申请人不能提供被执行人任何财产线索，经查询也没有可供执行的财产，并且找不到被执行人时，案件一度陷入僵局。法院遂将被执行人列入失信被执行人名单，并将信息推送至政府公共信用信息平台。当被执行人通过区行政服务中心向政府人力资源局申请“区级高层次人才奖励补贴”时，被系统自动识别出失信人身份，申请遭到拒绝。后被执行人主动联系执行法官，履行了付款义务。

【案例分析】

将失信被执行人信息公开，让公众、政府及相关组织了解其失信情况并限制其行为，从而迫使其自觉履行法定义务。本案中，法院将失信信息向政府相关部门通报后，被执行人的申请被拒绝。被执行人意识到诚实信用的重要性，从而自觉地履行了债务。

国家工作人员、人大代表、政协委员等被纳入失信被执行人名单的，应当将失信情况通报其所在单位和相关部门。国家机关、事业单位、国有企业等被纳入失信被执行人名单的，应当将失信情况通报其上级单位、主管部门或者履行出资人职责的机构。

案例 91　　列入失信被执行人名单

蔡某与刘某因合同产生纠纷诉至法院，法院经审理后判决刘某给付蔡某 40 万元。判决生效后，刘某没有主动履行给付义务。2016 年 2

月 19 日，蔡某向法院申请强制执行。法院立案后，依法向刘某送达了执行通知书和报告财产令。刘某既未依执行通知书履行义务，也未进行财产报告。执行法官多次规劝刘某履行判决书所确定的还款义务，但刘某以各种理由拒不执行。法院将其纳入失信被执行人名单。2017 年下半年，当地政府对失信被执行人担任村“三委”班子成员进行审核。刘某现任某村村支部书记，也是下一届村委主任候选人，当得知下一任换届可能会泡汤后，刘某主动联系执行法官，要求同申请人协商解决。法院最终促成双方当事人达成了执行和解协议，被执行人刘某也按和解协议付清了执行款。

【案例分析】

人无信不立，国无信不昌。当地政府对村干部进行考核，对被纳入失信被执行人名单的村干部实行一票否决制。这个案子有一定的借鉴意义，尤其对于被执行人是负有公共职责的人，可以起到很好的督促履行的作用。

被执行人因有履行能力而拒不履行生效法律文书确定义务而被列入失信名单的，具有下列情形之一的，人民法院应当删除失信信息：

（1）被执行人已履行生效法律文书确定的义务，或人民法院已执行完毕的；

（2）当事人达成执行和解协议且已履行完毕的；

（3）申请执行人书面申请删除失信信息，人民法院审查同意的；

（4）终结本次执行程序后，通过网络执行查控系统查询被执行人财产两次以上，未发现有可供执行财产，且申请执行人或者其他人未提供有效财产线索的；

（5）因审判监督或破产程序，人民法院依法裁定对失信被执行人中止执行的；

（6）人民法院依法裁定不予执行的；

（7）人民法院依法裁定终结执行的。

如果删除失信信息后，被执行人又符合失信情形的，人民法院可以重新将其纳入失信被执行人名单。被执行人因其他情形被列入失信名单的，均有明确的期限。待期限届满后，应删除失信信息。

◆ 3. 限制出境

根据《民事诉讼法》第 262 条、《出境入境管理法》、《最高人民法院关于适用〈民事诉讼法〉执行程序若干问题的解释》及《关于依法限制外国人和中国公民出境问题的若干规定》的相关规定，人民法院可以通知公安、边防机关，限制被执行人出境。被执行人为单位的，可以对其法定代表人、主要负责人或者影响债务履行的直接责任人员限制出境。被执行人为无民事行为能力人或者限制民事行为能力人的，可以对其法定代理人限制出境。只要被执行人未履行完毕生效法律文书确定的义务的，申请人就可以向法院申请对被执行人采取限制出境措施，单次限制期限不超过六个月，但到期可以续控。在限制出境期间内被执行人履行完全部义务的，法院应及时解除限制出境措施；被执行人提供充分、有效的担保或者申请执行人同意的，也可以解除限制出境措施。

案例 92　　限制出境

甲与乙买卖合同纠纷，法院判决乙支付甲货款 5 万元及利息。判决生效后，乙未按生效判决履行付款义务，甲申请法院强制执行。2012 年 9 月，执行法院裁定限制时任乙法定代表人的 A 出境。同年 10 月，A 将其持有的乙的股权转出，并辞去乙法定代表人一职。A 以其已经不再担任乙法定代表人为由，提出执行异议。理由是：本人所持乙的股权已经全部转让并辞去法定代表人一职，由于法律未禁止被执行人在执行程序中变更法定代表人，故本人不应对乙债务承担责任。

请求撤销执行法院裁定，解除限制出境措施。

法院认为：A在被采取限制出境措施后，先转让股权，再辞去法定代表人一职，该行为足以认定其具有规避法院执行的主观故意。客观上，在法院对A采取限制出境措施后，A即辞任乙法定代表人，欲使执行法院先前所采取的限制出境措施陷入无法执行的境地。A的行为应认定为规避执行。因此，在乙未履行生效判决确定的全部债务时，亦未提供充分、有效的担保，且甲不同意解除限制出境措施的情况下，不应解除对A的限制出境措施。

【案例分析】

案例中，A作为乙公司的法定代表人，在被采取限制出境后辞去法定代表人职务，又以不再担任法定代表人为由申请解除限制出境措施，可以认定为规避执行行为，法院不应解除限制出境措施。在司法实践中，《最高人民法院关于在执行工作中进一步强化善意文明执行理念的意见》出台以前，公司在法律文书生效以后变更法定代表人，原法定代表人以不再担任法定代表人为由要求解除限制高消费、限制出境的，法院一般都不予支持。但《意见》出台以后规定了“单位被执行人被限制消费后，其法定代表人、主要负责人确因经营管理需要发生变更，原法定代表人、主要负责人申请解除对其本人的限制消费措施的，应举证证明其并非单位的实际控制人、影响债务履行的直接人员。人民法院经审查属实的，应予准许，并对变更后的法定代表人、主要负责人采取限制消费措施”。

《民事诉讼法》第116条规定，被执行人与他人恶意串通，通过诉讼、仲裁、调解等方式逃避履行法律文书确定的义务的，人民法院应当根据情节轻重予以罚款、拘留。罚款可以对自然人，也可以对单位进行；拘留仅能对自然人进行。当被执行人为单位的，人民法院可以对其主要负责人或者直接责任人员予以罚款、拘留。对个人的罚款金额，为十万元以下。对单位的罚款金额，为五万元以上，一百万元以下。拘留的期限为十五日以下。

需要注意的是，被执行人无力履行义务，并不构成对其进行拘留、罚款的情形。只有被执行人出现有财产而拒不履行、违反限制高消费、拒不申报财产、阻碍执行等妨害民事司法秩序的行为时，法院才可以对其拘留、罚款。对同一妨害司法秩序的行为只可以采取一次拘留、罚款行为，遵循“一事不再罚”的原则。在同一案件执过程中，被执行人有不同的妨害司法秩序行为的，可多次采取拘留、罚款措施。另外，当被执行人被拘留后，即使其履行了债务，法院仍有权不提前解除拘留。在实践中，在决定对被执行人予以拘留后，被执行人履行完毕义务或者与申请人达成执行和解的，法院通常对被执行人不予拘留或者提前解除拘留。但被执行人妨害司法秩序情形严重的，法院有权不提前解除拘留。

◆ 4. 拒不执行判决、裁定罪

《刑法》第 313 条规定了拒不执行判决、裁定罪。对人民法院的判决、裁定有能力执行而拒不执行，情节严重的，处三年以下有期徒刑、拘役或者罚金；情节特别严重的，处三年以上七年以下有期徒刑，并处罚金。单位犯前款罪的，对单位判处罚金，并对其直接负责的主管人员和其他直接责任人员，依照前款的规定处罚。

追究刑事责任是最严厉的惩罚措施。依据罪刑法定原则，仲裁机构作出的仲裁裁决书、调解书，人民法院作出的调解书、支付令，公正债权文书等均不属于“人民法院的判决、裁定”，被执行人拒不履行上述文书不构成犯罪。但人民法院为执行上述文书所作的裁定属于该条规定的裁定，主要指查封、冻结、扣押裁定等。拒不执行行为一定要达到“情节严重”的程度。具有以下情形之一的，应视为情节严重：（1）在人民法院发出执行通知以后，隐藏、转移、变卖、毁损已被依法查封、扣押或者已被清点并责令其保管的财产，转移已被冻结的财产，致使判决、裁定无法执行的；（2）隐藏、转移、变卖、毁损在执行中向人民法院提供担保的财产，致使判决、裁定无法执行的；（3）以暴力、威胁方法妨害或者抗拒执行，致使执行工作无法进行的；（4）聚众哄闹、冲击执行现场，围困、扣押、殴打执行人员，致使执行工作无法进行的；（5）毁损、抢夺执行案件材料、执行公务车辆和其他执行器械、执行人员服装及执行公务证件，造成严重后果的；（6）其他妨害或者抗拒执行造成严重后果的；（7）其他情节严重的情形。

上述第（7）项中其他情节严重的情形指：具有拒绝报告或者虚假报告财产情况、违反人民法院限制高消费及有关消费令等拒不执行行为，经采取罚款或者拘留等强制措施后仍拒不执行的；伪造、毁灭有关被执行人履行能力的重要证据，以暴力、威胁、贿买方法阻止他人作证或者指使、贿买、胁迫他人作伪证，妨碍人民法院查明被执行人财产情况，致使判决、裁定无法执行的；拒不交付法律文书指定交付的财物、票证或者拒不迁出房屋、退出土地，致使判决、裁定无法执行的；与他人串通，通过虚假诉讼、虚假仲裁、虚假和解等方式妨害执行，致使判决、裁定无法执行等。

负有执行人民法院判决、裁定义务的单位直接负责的主管人员和其他直接责任人员，为了本单位的利益实施上述拒执行为，造成特别严重后果的，对该主管人员和其他直接责任人员依照《刑法》第313条的规定，以拒不执行判决、裁定罪定罪处罚。

申请执行人有证据证明负有执行义务的人拒不执行判决、裁定，侵犯了申请执行人的人身、财产权利，应当依法追究刑事责任，且曾经提出控告，而公安机关或者人民检察院对负有执行义务的人不予追究刑事责任的，可以向人民法院提起刑事自诉。申请执行人提起自诉的，在宣告判决前可以同被告人自行和解或者撤回自诉。被告人在一审宣告判决前，履行全部或部分执行义务的，可以酌情从宽处罚。被告人拒不执行支付赡养费、扶养费、抚育费、抚恤金、医疗费用、劳动报酬等判决、裁定的，可以酌情从重处罚。

案例 93　拒不履行判决、裁定罪

李某申请执行舒某股权转让纠纷一案中，法院依法向被执行人舒某送达了执行令和财产申报裁定书，责令被执行人舒某按照生效法律文书确定的内容支付申请执行人李某股权转让款 168 万元及违约金。同时，法院对其财产进行查证，发现其名下有两套房产，其中一套有高额抵押，另一套被法院另案查封，本案做轮候查封，这两套房产暂无法处置。据申请执行人反映，舒某在深圳市宝安区经营一知名 KTV，应有履行能力。

由于舒某收到法院法律文书后既不履行付款义务，也不申报财产，法院于 2016 年 4 月 12 日传其到庭接受调查，责令其立即履行生效判决，舒某自称深圳的财产无法变现偿还债务，但是其在成都和重庆各有一套房产，已经找到买家，两个月之内保证还款，并写下书面承诺书。两个月期限届满后，法院于 2016 年 6 月 24 日再次传舒某到庭询问，其既未处置老家房产也未履行付款义务。申请执行人拒绝再次给其延缓时间，要求法院对其采取强制措施，追究其拒不执行判决、裁定罪。法院依法对舒某司法拘留 15 日。拘留期满后，舒某仍然拒绝履行，并且谎称自己已离开深圳，拒不到庭。

申请执行人李某遂在公安机关不予立案后，以舒某涉嫌拒不执行判决、裁定罪于 2016 年 8 月 19 日向法院提起刑事自诉。法院开庭审理后，舒某委托他人将本案执行款本金、违约金、罚息、诉讼费、执行费共计 196 万余元全部履行完毕。虽然舒某已履行全部义务，但其在执行过程中有财产却不配合法院执行，多次抵赖，情节严重。据此，法院依法判决被执行人犯拒不执行判决、裁定罪，判处有期徒刑十个月，缓刑一年。

【案例分析】

人民法院作出的判决、裁定发生法律效力后应具有权威性和强制力，必须依法执行。本案中被执行人有能力履行生效判决，被司法拘留后仍不悔改，继续逃避执行，情节严重依法应当以拒不执行判决、裁定罪追究刑事责任。如果其在被司法拘留后，能及时悔悟，自动履行判决确定的义务，可能就不会被追究刑事责任。

五、执行中止

执行程序中止，指人民法院在民事强制执行过程中，因法定事由暂停对被执行人的强制措施与其名下财产的控制或处分措施。当法定事由消失，或者出现新的法定事由时，人民法院应恢复、继续强制执行程序或措施，以实现申请执行人被生效法律文书确定的权利。执行程序中止，既包括相关法律、法规中的“中止执行”，也包括“不得处分”与“暂缓执行”。

“中止执行”在法律及相关司法解释中出现的最多。由于语言的多义性，在不同的语境中具有不同的含义，应结合上下文去理解，不能一概而论。“中止执行”有时指整个案件程序的中止，有时是对具体标的物的中止执行；有时中止执行的是所有执行行为，有时仅中止处分措施。

◆ 1. 中止执行

执行程序中，有下列情形之一的，人民法院应当裁定中止执行：（1）申请人表示可以延期执行的；（2）案外人对执行标的提出确有理由的异议的；（3）作为一方当事人的公民死亡，需要等待继承人继承权利或者承担义务的；（4）作为一方当事人的法人或者其他组织终止，尚未确定权利义务承受人的；（5）人民法院已受理以被执行人为债务人的破产申请的；（6）一方当事人申请执行仲裁裁决，另一方当事人申请撤销仲裁裁决的；（7）仲裁裁决的被执行人向人民法院提出不予执行请求，并提供适当担保的；（8）人民法院认为应当中止执行的其他情形。

上述第（1）项中的情形，中止执行的内容是指整个执行程序，还是限制行为或处分行为应依申请执行人的申请而定；第（2）项中的情形，仅对特定标的物停止处分措施，不影响其他执行行为的进行；是否“确有理由”应由法院在案外人执行异议程序中进行判断；第（3）（4）项情形，主要涉及当事人程序上的权利，仅应停止执行程序中的处分措施，查询、控制性措施仍应继续进行；第（5）项情形，因被执行人名下财产依法由破产程序统一处理，应完全中止整个执行程序；第（6）项情形，因仲裁裁决是否被法院撤销尚未有定论，应中止整个执行程序；第（7）项中的情形，被执行人提供足额担保的，应中止全案。

中止的法定情形消失后，恢复执行。因权利待定而中止执行的，根据结果决定恢复执行还是终结执行。

◆ 2. 暂缓执行

暂缓执行，是指执行程序开始后，人民法院因法定事由依职权或根据当事人、其他利害关系人的申请，决定对某一项或几项执行措施在规定的期限内提供担保暂缓执行的一种制度。

在执行中，被执行人向人民法院提供担保，并经申请执行人同意的，人民法院可以决定暂缓执行。被执行人逾期仍不履行的，人民法院有权执行担保财产。在实践中，只要申请执行人书面同意，被执行人未提供担保依然可以暂缓执行。如果担保是有期限的，暂缓执行的期限应当与担保期限一致，但最长不得超过一年。被执行人或者担保人对担保财产在暂缓执行期间有转移、隐藏、变卖、毁损等行为的，人民法院可以恢复强制执行。如果担保没有期限，暂缓执行的期间不超过三个月。因特殊事由需要延长的，可以适当延长，延长的期限不得超过三个月。暂缓执行期限届满后，人民法院应当立即恢复执行，也可以直接执行担保财产。

◆ 3. 再审

进入再审程序的案件，原执行案件中止执行。但在再审案件立案之前，是否中止执行原案件，取决于是谁启动的再审立案审查：由法院自发启动的，应当中止原判决的执行；当事人申请再审的，不中止原判决执行。经审查后决定立案再审的案件，一律中止执行，但追索赡养费、扶养费、抚育费、抚恤金、医疗费用、劳动报酬等案件除外。法院应根据再审结果决定恢复执行、改变执行内容、执行回转或终结执行。

案例 94　　再审案件的中止执行

申请执行人彭某与被执行人陆某合作纠纷一案执行过程中，陆某向广西高院申诉，广西高院经审查后，裁定本案中止执行，案件由该院进行再审。执行法院依法中止执行，陆某申请执行法院解除对其名下三套房屋的查封，执行法院未予准许，并在三套房屋查封期限即将届满时，对该三套房屋采取了继续查封措施，陆某向执行法院提出执行异议。执行法院经审查认为，广西高院裁定本案中止执行，案件由该院进行再审，但并未撤销本案执行依据，案件虽然中止执行，但执行法院采取续封措施，并不是新的执行行为，只是维持原查封效力，以此驳回了陆某的异议。

【案例分析】

被决定再审的案件，原法律文书有很大可能性被撤销或改判，所以应中止对原法律文书的执行，但无须解除对被执行人名下财产的限制性措施。本案中，对被执行人的财产若不及时采取续控措施，将导致原有查封失效，可能造成被执行人转移财产或导致财产被其他执行法院查封。一旦原执行依据得到维持的，将不利于保障申请执行人的权益。因此，应当使案件保持中止前的执行状态，这一状态包含了应当积极采取措施保持原执行措施的效力。再审程序中，原执行法院能否继续查询被执行人财产及应否对被执行人名下财产采取新的限制性措施，存在争议。如果法院拒绝采取新的限制性措施，申请人又担心再审期间被执行人转移财产的，可以在再审程序中向再审法院申请诉讼财产保全。

◆ 4. 执行异议

当事人、利害关系人认为执行行为违反法律规定的，可以向负责执行的人民法院提出书面异议。异议审查和复议期间不停止执行。被执行人、利害关系人提供充分、有效的担保请求停止相应处分措施的，人民法院可以准许；申请执行人提供充分、有效的担保请求继续执行的，应当继续执行。

案例 95　执行异议

依照法院生效判决，被执行人崔某应腾空并迁出涉案建筑物及所在土地，将涉案土地及厂房交还于申请执行人王某。由于被执行人崔某等拒不履行上述义务，王某向法院申请强制执行。执行立案后，法院依法向被执行人崔某等送达了传票及执行令，督促被执行人在限期内履行义务。被执行人崔某误以为提出执行异议可以拖延时间，达到继续霸占房产的目的，故以“未找到新的仓库安置工厂物品”为由向法院提出执行异议。执行法官告知被执行人崔某执行异议期间并不停止原判决的执行，继续督促其迁出强占房地产。2019 年 1 月 25 日，勘察了现场情况及周边环境后，法院告知被执行人崔某必须于 2019 年 2 月 19 日前迁出涉案房地产并交还于申请执行人。由于临近春节，被执行人表示公司内有大量机器设备要搬离，人手不够。法院再次责令崔某于 2019 年 3 月 1 日前迁出涉案房地产，被执行人允诺一定按期搬离。但是到了搬离期限，崔某仍未迁出涉案房产，法院当即决定依法强制腾空涉案房地产并交还于申请执行人。2019年3月4日，法院依法将涉案房地产强制交还于申请执行人。

【案例分析】

本案中，被执行人崔某企图利用执行异议程序拖延时间。执行法院根据法律的明确规定，在执行异议期间继续执行，有效地保障了申请执行人的利益。

◆ 5. 执行异议之诉

案外人对执行标的提出书面异议的，人民法院应当自收到书面异议之日起15日内审查，理由成立的，裁定中止对该标的的执行；理由不成立的，裁定驳回。当事人、利害关系人对裁定不服的，认为原判决、裁定错误的，依照审判监督程序办理；与原判决、裁定无关的，可以自裁定送达之日起15日内向人民法院提起执行异议之诉。

申请执行人或案外人提起执行异议之诉的，应根据诉讼结果决定对该执行标的继续执行或解除措施。执行异议之诉期间，人民法院不得对执行标的进行处分。案外人向人民法院提供充分、有效的担保请求解除对异议标的的查封、扣押、冻结的，人民法院可以准许；申请执行人提供充分、有效的担保请求继续执行的，人民法院可以准许。

案例96　　执行异议之诉

（2017）最高法执监242号，营口矿业公司与旺达建筑公司执行案中，最高法院认为：案外人营口金属制品厂的执行异议之诉已于2015年5月12日由白山中院受理，案件已进入案外人异议之诉阶段。关于案外人异议之诉阶段是否可以继续执行标的物的问题，《最高人民法院关于适用〈中华人民共和国民事诉讼法〉的解释》第313条第1款作了明确规定："案外人执行异议之诉审理期间，人民法院不得对执行标的进行处分。申请执行人请求人民法院继续执行并提供相应担保的，人民法院可以准许。”法院因案外人异议之诉而暂停拍卖后，因申请执行人旺达建筑公司申请继续拍卖并由第三人相某以房产提供担保而恢复拍卖的，符合该条司法解释规定。营口矿业公司在旺达建筑公司提供相应担保请求继续执行的情况下，要求法院中止执行，没有法律依据，本院不予支持。

【案例分析】

案外人执行异议之诉审理期间，一方面，因案外人对执行标的是否享有权利尚在审理当中，故法律规定这期间不得对执行标的进行处分，以免对案外人造成不可逆转的损失。另一方面，为了防止被执行人与案外人利用该法律规定之漏洞拖延执行，损害申请执行人的利益，法律同时规定申请执行人请求人民法院继续执行并提供相应担保的，人民法院可以准许。

◆ 6. 第三人撤销之诉

第三人撤销之诉，即第三人对已经发生法律效力的判决、裁定、调解书有异议，自知道或应当知道其民事权益受到损害之日起6个月内，向作出生效判决、裁定、调解书的人民法院提出的撤销之诉。法院受理第三人撤销之诉案件后，原告（即第三人）提供相应担保，请求中止执行的，人民法院可以准许。

案例 97　　第三人撤销之诉

李某与王某因房屋买卖发生纠纷，经法院判决王某应于判决生效后十五日内将位于天津市某房产过户至李某名下，并交付房产。王某未履行生效判决。李某向法院申请执行，在执行过程中，案外人郭某提起撤销之诉，申请撤销上述生效判决。理由为：郭某是房产实际所有人，王某是代持人，李某也知道其二人间的代持情况，王某、李某是串通转移财产。立案后，郭某向执行法院申请中止执行，并提供担保。法院遂决定中止该案的执行程序。

【案例分析】

案例中，李某与王某间的纠纷处理结果与郭某有法律上的利害关系，郭某在法定期限内有权提起撤销之诉，并在提供担保的情况下可以请求中止执行程序。

◆ 7. 执行和解

申请执行人与被执行人达成和解协议后，人民法院可以根据具体情况裁定中止执行或者终结执行（和解协议需长期履行的，可终结执行）。被执行人未依约履行和解协议的，申请人可以申请恢复强制执行，或就和解协议向执行法院提起诉讼。

六、参与分配与移送破产

被执行人财产不足以清偿所有债务时，申请执行人可以通过参与分配制度、“执转破”制度实现债权。

参与分配制度的被执行人为公民或者其他组织。在执行程序开始后，债权人发现被执行人的财产不能清偿所有债权的，可申请参与其他案中已执行到的被执行人的财产的分配。

参与分配制度最早见于1992年最高人民法院《关于适用〈民事诉讼法〉若干问题的意见》与《最高人民法院关于人民法院执行工作若干问题的规定（试行）》中。在司法实践中，法院通常要求参与分配申请人证明“被执行人财产不足清偿全部债务”，从而导致参与分配制度得不到落实。当时对被执行人的财产分配主要采取“勤勉竞赛”规则，按照案件采取执行措施的先后顺序受偿。直到2014年《最高人民法院关于适用〈中华人民共和国民事诉讼法〉的解释》公布，该解释将“被执行人的财产不能清偿所有债权”的证明责任分配给法院审查。自此，参与分配制度才在司法实践中得到普遍实施。

被执行人必须为自然人或其他组织，申请人才可以申请参与分配。“其他组织”指的是不适用《企业破产法》的非企业法人。

申请参与分配的债权人必须是已经取得执行依据的债权人，尚未起诉与正在诉讼中的债权人无权申请参与分配。但对人民法院查封、扣押、冻结的财产有优先权、担保物权的银行，可以直接申请参与分配，主张优先受偿权。即，有抵押权的银行通常无须执行依据即可直接申请参与分配。在司法实践中，法院为了清偿申请执行人的债权，可以拍卖被执行人名下的房产。多数情况下，被执行人的房产都是设有抵押权的（一般都是抵押给某银行）。抵押权人对被执行人的房产有优先受偿权，所以法院在拍卖房产前，会告知银行要求其申报抵押权。

参与分配制度是由债权人主动申请而启动的，法院无职责通知其申请参与分配，或者主动对其分配。在司法实践中，如果法院发现被执行人名下有被其他法院查封的财产，一般会告知申请执行人相关财产的查封情况，并要求申请执行人自行关注该财产的处分动向。一旦其他法院（一般是首封法院）拟对查封财产进行处分，则申请执行人可以将相关情况告知法院，请求参与分配。法院会向处分财产的法院发送《参与分配函》，要求其在处分相关财产后，将拍卖款或折价款按债权比例分配。

法院把关注财产处分情况的义务交给申请人，在现在的情况下是有道理的。第一，法院现有系统尚无法做到全国案件的自动关联；第二，也是更重要的一点，与诉讼时效制度的初衷一样，法律不保护“躺在权利上睡觉的人”。如果申请人（债权人）自己没有关注、跟进财产，那么就可能失去参与分配的机会，而其他积极追踪财产的债权人就会分到更多的财产。这样也有利于促使申请人积极去实现自己的权利。

◆ 1. 申请时间

案例 98　　参与分配

（2017）苏执监 351 号。江苏恒丰投资集团公司与王某民间借贷纠纷案中，江苏高级法院认为：《最高人民法院关于适用〈民事诉讼法〉的解释》规定参与分配申请应当在执行程序开始后，被执行人的财产执行终结前提出。《最高人民法院关于人民法院执行工作若干问题的规定（试行）》规定参与分配的时点为“在被执行人的财产被执行完毕前”，结合上述两条司法解释的规定，申请参与分配的时间节点应是对被执行人的拟分配财产执行终结之前。

【案例分析】

在实践中申请参与分配的时间尚无统一的规定。有些法院认为参与分配申请书应迟于拟处分财产拍卖、变卖成交之日的前一日提出；有些法院则在拍卖、变卖成交款尚未拨付给申请执行人之前均允许参与分配。

企业家应当积极查询被执行人的财产，关注财产动向，当发现其他法院在处分财产时，应当第一时间联系你的执行法官，要求参与分配；在财产处置完毕前，均可以提出参与分配申请，并敦促执行法官尽快与财产处分法院联系、发送函件。

案例 99　申请参与分配的时间

（2019）闽 08 执复 9 号：连某与陈某民事执行案。法院认为：被执行人为自然人的，其财产不足以清偿其负担所有债务时，取得执行依据的债权人可以参与分配该被执行人的财产，申请参与分配的时间节点为被执行人的财产执行终结前。本案中，海峡客家旅游公司依据生效的民事判决书向法院提出参与分配的时间点是《分配方案》作出后、执行款项尚未支付前，应当认定为被执行人的财产尚未执行终结。

【案例分析】

该案中，法院认为参与分配的时间节点是“执行款项尚未支付前”。虽然《分配方案》已经作出，但执行款尚未实际支付，法院还是允许了其参与分配。

司法实践中，更多法院的做法是，如果法院已经作出《分配方案》裁定书，并且已经向任何一个债权人送达了该文书，那么就不再接受新的参与分配申请了。这样可以避免法院作出的裁定书被一再修改带来的不确定性。

案例 100　　申请参与分配时间

（2015）鄂执复字第 00017 号，龚某、章某等与襄樊天行君子公司民间借贷纠纷执行裁定书复议一案。湖北省高级人民法院认为：执行法院于 2013 年 2 月 6 日依法作出以物抵债裁定前，申请复议人龚某仍未向人民法院申请参与分配。故对申请复议人龚某提出重新分配的主张不予支持。

【案例分析】

尽管各地法院在司法实践中对拍卖、变卖成交的标的物“执行终结”时间点意见并不统一，但对以物抵债标的物“执行终结”时间点的认识趋于一致，即以物抵债裁定作出之日。这也意味着，如果财产处分法院出具了以物抵债裁定书，将被执行人的财产以物抵债给债权人了，那么其他债权人就不能再申请参与分配了。

◆ 2. 申请材料

申请人应提交《参与分配申请书》，写明本案中已受偿情况、尚未清偿债务情况、拟参与分配的财产具体信息（案号、承办法院、承办法官、联系电话、拍卖日期等），并附身份信息及执行依据，由本案的执行法官出具《参与分配函》，所有材料一并寄往财产处分法院进行进一步审核，符合条件的可以参与分配。

案例 101　　被执行人的财产不能清偿所有债权

（2017）最高法执监 325 号，李某、贺某民间借贷纠纷执行案。争议焦点：申请参与分配时是否应由申请人承担被执行人不能清偿所有债权的证明责任。

最高院认为：根据《最高人民法院关于适用〈中华人民共和国民事诉讼法〉的解释》，其他债权人参与分配的条件为“被执行人的财产不能清偿所有债权”。从实际情况来看，由申请人承担严格的证明责任并不现实。实践中，只要申请人在本案中的债权未得到清偿，就应当允许其申请参与分配。至于被执行人的财产是否满足不能清偿所有债权的条件，应由执行法院来审查，并且应从宽把握。只要确定现有财产不能清偿所有债权的，就应同意申请人参与分配。因此，本案山西高院和运城中院因为李某未能提供证据证明“被执行人的财产不能清偿所有债权”而不支持其参与分配的申请的做法是错误的。

案例102　参与分配

（2017）苏执监725号，孙某与丁某、罗某民间借贷纠纷，争议焦点为参与分配的条件。江苏省高级人民法院认为，另案债权人徐某申请参与分配，只需要满足被执行人的财产不能清偿所有债权即可。根据本院查明的事实，涉及被执行人丁某、罗某的已经司法确认的债权总额为1500余万元及相应利息，而法院查封的房产价值约为1200万元，其中还有495万元的抵押债权需优先清偿，还有3个至4个轮候查封债权可能申请参与分配。虽然泰州中院还查封了连带保证人的房产，但该房产的价值亦不足以清偿债权人的全部债权，且连带保证人在履行连带清偿责任之后，依然有权向丁某、罗某追偿。因此，根据目前掌握的被执行人财产情况看，其财产不足以清偿所有债权，徐某符合参与分配条件。另外，虽然孙某表示同意以第二次流拍价抵偿债务，但法院尚未作出以物抵偿债务裁定，涉案房屋尚未执行终结，徐某在涉案房屋的执行程序终结之前提出参与分配申请，应予支持。

【案例分析】

法院在裁决中明确了以下三点：（1）参与分配申请的条件为“被执行人的财产不能清偿所有债权”；（2）在确定“被执行人的财产能否清偿所有债权”这一事实时，不考虑其他连带责任人（如保证人）的财产；（3）以物抵债裁定作出时间视为执行标的“执行终结”时间节点。

◆ 3. 参与分配规则

那么参与分配是按照什么规则来分配财产呢？《最高人民法院关于适用〈中华人民共和国民事诉讼法〉的解释》规定："参与分配执行中，执行所得价款扣除执行费用，并清偿应当优先受偿的债权后，对于普通债权，原则上按照其占全部申请参与分配债权数额的比例受偿。"根据上述规定，执行所得价款应先清偿有优先受偿权的债权（如抵押权），普通债权按比例受偿。该规定使用"原则上"这一用词，在法律中非常罕见。按比例清偿是保证普通债权的平等性，对首先保全财产的债权人（简称首封人）并不公平，但若规定首封人有优先权同样不公平，因为保全、查封是法院的职权行为，首封人未必比其他债权人付更多的精力查找、申请保全财产。因此，司法解释并未对首封人是否有一定的优先权作出绝对规定，而是使用"原则上"一词。根据该司法解释，部分地区的法院规定，符合一定条件的首封人可以适当多分。

《浙江省高级人民法院执行局关于印发〈关于多个债权人对同一被执行人申请执行和执行异议处理中若干疑难问题的解答〉的通知》（浙高法执〔2012〕5号）第（十三）条规定，首先申请财产保全并成功保全债务人财产的债权人在参与该财产变价所得价款的分配时，可适当多分，但最高不得超过20%。需要注意的是，当首封人的申请执行标的额远大于可分配金额，或者其他债权人的受偿比例已经较高（达到83.34%以上）时，奖励系数应视情况降低，以免出现首封人分走全部款项或超额受偿的情况。举例说明如下：甲、乙、丙均申请执行丁，申请执行标的额分别为200万元、300万元和100万元，符合参与分配条件。甲是首封人，申请查封了丁的一套房产，后拍卖得款300万元。主持分配的法院决定给甲多分20%（即增加0.2的系数）。分配时，先计算出乙、丙的受偿比例（以A指代），确定系数1，再乘以（1+20%）得出甲的受偿比例。故：甲债权200万元×A×（1+20%）+（乙债权300万元+丙债权100万元）×A＝可分配金额300万元，由此计算出

A =46.875%。甲的受偿比例为 46.875%×1.2=56.25%。

《重庆市高级人民法院关于执行工作适用法律若干问题的解答（一）》（渝高法〔2016〕63 号）第（七）条规定，参与分配程序中，执行所得价款扣除执行费用，并清偿应当优先受偿的债权后，普通债权原则上按照其占全部申请参与分配债权数额的比例受偿。但有以下情形之一的普通债权，人民法院应根据案件具体情况，在保证参与分配债权都有受偿的前提下，可适当予以多分，多分部分的金额不得超过待分配财产的 20%，并且不高于该债权总额，未受偿部分的债权按普通债权比例受偿：（1）依债权人提供的财产线索，首先申请查封、扣押、冻结并有效采取措施的债权，但人民法院依职权查封的除外；（2）依债权人申请采取追加被执行人、行使撤销权、悬赏执行、司法审计等行为而发现被执行人财产的债权。重庆的规定相当于通过提高受偿比例来激励各债权人挖掘被执行人隐藏财产。

《北京市高、中级法院执行局（庭）长座谈会（第五次会议）纪要——关于案款分配及参与分配若干问题的意见》第十五条第二款规定，参与分配程序中，若执行标的物为诉讼前、诉讼中、仲裁前或仲裁中依债权人申请所保全的财产，在清偿对该标的物享有担保物权和法律规定的其他优先受偿权的债权后，对该债权人因申请财产保全所支出的成本及其损失，视具体情况优先予以适当补偿，但补偿额度不得超过其未受偿债权金额的 20%，其剩余债权作为普通债权受偿。

从司法解释、立法考量及实践做法可以得出这样的结论：处置法院的分配方案非常重要，严格按比例分配或在分配中对首封债权人适当多分都是合理合法的。

案例 103　　参与分配规则

（2013）粤高法民二申字第 942 号，正誉公司与郑某等执行分配方案异议之诉一案。广东高院认为，优先受偿权是法定的权利，必须由法律明文规定。正誉公司以主张其是首封人，享有优先分配执行款的权利。一、二审法院认为，法律没有明文规定首封人就拍卖、变卖执行款有优先权，故按债权比例分配执行款并无不当。

在司法实践中，首封人是否能够多分执行款、能够按什么比例多分执行款，执行法官具有一定的裁量权。企业家如果是首封，应当积极沟通拍卖、变卖事宜，配合法院做好拍卖、变卖工作，表现出首封人在处置财产过程中确实付出了更多的辛苦与努力，从而申请一定比例的奖励。当然，如果法院坚持认为应当按债权比例分配，也是合理合法的，首封人没有必要去启动参与分配之诉程序。进入程序后，需要更多的时间去走流程，更改的可能性也很微小，不如早点领取执行款，展开更有意义的商业活动。

如果债权人经参与分配后债权仍未能得清偿，又发现被执行人有其他可供执行的财产的，可申请法院继续执行。这一点，是参与分配制度与企业破产制度的重要区别。与企业破产相比，参与分配有三个特点：第一，只有已被生效法律文书确定的债权才可以参与分配（而企业破产债权申报不要求债权经过生效法律文书的确定）；第二，无须公告，首封法院在处置财产时不会登报公告，通知所有债权人申报债权、申请参与分配（而企业破产则需要公告）；第三，债权人经参与分配后债权未能得到满足的，可申请法院继续执行。但企业破产后所有债权归于消灭，企业不复存在。

◆ 4. 执行转破产

企业破产制度，是企业因不能偿债或者资不抵债时，由债权人或债务人诉请法院宣告破产并依破产程序偿还债务的一种法律制度。在强制执行过程中，当被执行人为企业，申请执行人发现通过强制执行程序无法清偿自身债务时，可以通过破产制度实现债权，维护自身利益。

《最高人民法院关于适用〈民事诉讼法〉的解释》的正式实施确

立了执行移送破产制度，简称“执转破”。该司法解释第511条的规定：在执行中，作为被执行人的企业法人符合企业破产法第二条第一款规定情形的，执行法院经申请执行人之一或者被执行人同意，应当裁定中止对该被执行人的执行，将执行案件相关材料移送被执行人住所地人民法院；第514条规定：当事人不同意移送破产或者被执行人住所地人民法院不受理破产案件的，执行法院就执行变价所得财产，在扣除执行费用及清偿优先受偿的债权后，对于普通债权，按照财产保全和执行中查封、扣押、冻结财产的先后顺序清偿。根据上述规定，企业法人未移送破产审查的，普通债权一律按照财产保全和执行中查封、扣押、冻结财产的先后顺序清偿。

该司法解释规定了“执转破”的相关内容，从制度上打通了“执行移送破产”的通道。但仅对执转破问题作出了原则性、概括性规定，尚缺乏完整、详尽的程序转换规则，造成了实践中司法尺度的不统一，一定程度上影响了执转破工作的推进。为解决这一问题，经过详细的调研、论证，最高人民法院于2017年1月20日公布实施了《关于执行案件移送破产审查若干问题的指导意见》，从制度上规定了执转破的工作原则、条件、程序等内容。

“执转破”的条件既是执行法院判断是否移送的标准，也是受移送法院审查移送是否合法、应否启动破产程序的标准。只有严格把握执转破的条件，才能减少程序转换的随意性，确保执转破机制依法有序高效运行。执行案件同时符合以下条件，人民法院应当将相关材料移送被执行人住所地人民法院进行破产审查。

条件一，被执行人为企业法人。只有企业法人才可以在执行案件中适用“执转破”制度。对于民办学校、合伙企业、个体工商户等非企业法人作为被执行人的案件，申请人可以根据《中华人民共和国企业破产法》的规定行使破产申请权。

条件二，书面同意移送。根据《执转破指导意见》的规定，被执行人或者有关被执行人的任何一个执行案件的申请执行人书面同意将执行案件移送破产审查。这里应注意三点：第一，只有执行案件的申请执行人才有权利书面同意或者申请，未进入执行程序的债权人无权同意或申请；第二，任何一个案件的申请执人均有权利，而不限于本案的申请执行人；第三，必须经申请执行人或被执行人书面同意，法院无权依职权移送破产。

在实践中，当法院发现作为被执行人的企业法人具备破产条件时，应当及时询问当事人是否同意将案件移送破产审查，引导其作出理性选择。

双方均不同意执转破的情况下，法院不得移送破产审查。

条件三，被执行人不能清偿到期债务，并且资产不足以清偿全部债务或者明显缺乏清偿能力。“执转破”与当事人自行申请破产并无本质不同，故对破产原因的要求亦无差异，这与《企业破产法》的规定相同。

案例104 《执转破的指导意见》

（2016）鲁执复171号。济南中院在执行申请执行人中天公司、荣盛中心、浦发银行济南分行等与被执行人山东交运公司合同纠纷三案过程中，于2016年1月26日作裁定拍卖被执行人交运公司财产，异议人王某对上述拍卖不服向济南中院提出异议，请求执转破，立即中止拍卖措施。

济南中院认为：王某作为另案债权人，其要求对被执行人进行破产重组的请求不属于执行异议范围，故裁定驳回异议请求，王某向山东高院申请复议。山东高院认为：王某并非本案当事人，无权提出要求执行法院移送破产的申请。而且王某作为交运公司的债权人，如欲中止人民法院对交运公司的相关执行程序，既可以在自己作为申请执行人的案件中请求移送破产，亦可直接依据破产法的相关规定向有破产管辖权的法院提出破产申请。但在有关法院尚未受理破产申请前，王某要求济南中院中止执行措施，没有法律依据。

【案例分析】

该案裁决在《执转破指导意见》颁布之前。山东省高级法院依据当时的规定认为非申请执行案件中的债权人无权在此案中提出移送破产申请，并无明显不妥。但根据法理，任何债权人均有权申请企业法人进入破产程序，将申请人限制为本案的债权人并不合适。《执转破指导意见》后，对此问题进行了确认："任何一个执行案件的申请执行人"均有权同意或申请"执转破"。所以，如果放在现在来看，王某提出执转破申请是符合法律规定的。

案例 105　执　转　破

恩科公司成立于2003年，因经营状况恶化，先后被多名债权人提起诉讼。案件生效后，权利人向法院申请强制执行。经审计评估，恩科公司的资产总额不足以偿还申请执行债权标的额。经申请执行人书面同意，厦门中院在强制执行过程中将前述执行案件移送破产庭进行破产立案审查。2016年8月5日，厦门中院裁定受理恩科公司破产清算一案。厦门中院裁定受理后，依法指定管理人，并指导管理人清产核资，解除租赁合同，引导债权人申报债权，确保破产清算程序快速推进。随后，厦门中院主持召开第一次债权人会议，管理人仅用两个月就完成对恩科公司债权的审查并编制债权表提交债权人会议审查。2016年12月12日，恩科公司被依法宣告破产。次日，恩科公司召开第二次债权人会议。最终，根据法院认可变价方案、分配方案的裁定，管理人依法通过公开的网络平台拍卖恩科公司的破产财产，并顺利以3505万余元溢价成交。2017年8月4日，厦门中院依法裁定终结恩科公司破产程序。

【案例分析】

"执转破"是化解执行难的重要手段。本案通过破产程序将恩科公司的债权依法清偿，保障了所有债权人的合法权益，同时将恩科公司作为被执行人的案件全部以终结程序的方式予以结案。

案例 106　破产重整

东林公司原为国家级高新技术企业，拥有多项专利技术产品。数年前，该公司因部分出口业务货款无法收回及银行收贷等影响，出现经营困难。因该公司拖欠工人工资及未能清偿到期债务，先后被多名工人及多家债权人申请劳动仲裁并提起诉讼。经东林公司书面同意，法院在强制执行过程中将前述执行案件移送厦门中院进行破产立案审查。经审查，厦门中院裁定受理东林公司破产清算一案。厦门中院裁定受理东林公司破产清算申请后，依法指定管理人。经管理人清产核资，认为该公司仍具有较高重整价值、进行重整有利于妥善解决东林公司的债务。根据东林公司的申请，厦门中院裁定自 2017 年 11 月 6 日起对东林公司转入破产重整程序。随后，管理人公开招募东林公司的重整投资人，确定重整投资人。2018 年 6 月 28 日，东林公司第二次债权人会议召开，对东林公司重整计划草案进行表决。经表决，职工债权组及税收债权组通过该草案，而优先债权组及普通债权组未通过。2018 年 9 月 6 日再次表决，普通债权组通过该草案，仅剩优先债权组未通过该草案。2018 年 9 月 10 日，厦门中院依法裁定批准东林公司重整计划草案，终止东林公司重整程序。

【案例分析】

破产重整制度对僵尸企业具有特殊拯救价值。本案中，东林公司通过重整程序实现了职工债权 100% 的清偿率，其他债权人也获得了较高的清偿率，实现了良好的社会效果。

当案件符合移送破产审查的条件时，法院应将案件相关材料移送被执行人住所地的中级人民法院审查。经高级人民法院批准，中级人民法院也可以将案件交由具备审理条件的基层人民法院审理。

人民法院将执行案件移送破产审查后，应当裁定中止对该被执行人的执行，并书面通知所有已知执行法院，执行法院均应中止对被执行人的执行程序。中止执行后，可继续查封、续封已保全的财产，不得采取其他新的执行措施。

通过司法拍卖、以物抵债清偿债务的，标的物所有权自拍卖成交裁定、抵债裁定送达买受人或者接受抵债物的债权人时转移。中止裁定作出前已转移的，标的物视为买受人或债权人的财产；中止裁定作出后，尚未转移的标的物视为被执行人财产，中止转移。中止执行裁定作出前，执行法院已出账的执行价款属于申请执行人财产；中止裁定作出后，不得再进行出账。有两项例外：第一，对被执行人的季节性商品、鲜活、易腐烂变质及其他不宜长期保存的物品，执行法院应当及时变价处置，以防止执行标的物价值减损，但变价处置的价款不能进行分配；第二，将变价款支付给有优先权的担保权人用于清偿债务，并不损害其他债权人利益、不违反公平原则的，不受中止执行限制。移送审查后，其他执行案件应当中止而不中止，对个别债权人进行清偿的，债务人或者其他债权人可以通过执行异议、执行复议等制度寻求救济，纠正违法执行后执行回转的财产，应当认定为债务人财产。

执行法院决定将案件移送破产审查的，申请执行人或被执行人基于自身利益考量，可能会提出异议，不同意移送。根据《执转破指导意见》的相关规定，此种异议不依执行异议程序处理，申请执行人或被执行人可以在受移送法院破产审查期间提出异议，由受移送法院一并处理。这样的规定有利于简化程序、提高效率。受移送法院作出不予受理或驳回申请裁定的，执行法院应当在裁定生效后恢复对被执行人的执行；受移送法院裁定宣告被执行人破产的，执行法院应当裁定终结执行。受移送法院作出不予受理或驳回申请裁定的，申请人有权根据《企业破产法》第 12 条提起上诉。

七、追加被执行人

申请执行人在执行案件中还可以追加第三人为被执行人。《最高人民法院关于民事执行中变更、追加当事人若干问题的规定》（以下简称《追加规定》）对不同的情况下追加被执行人进行了详细的规定。主要包括以下几种。

◆ 1. 个人独资企业与投资人

个人独资企业作为被执行人，不能清偿生效法律文书确定的债务，申请执行人申请变更、追加其投资人为被执行人的，人民法院应予支持。

个人独资企业投资人作为被执行人的，人民法院可以直接执行该个人独资企业的财产，无须追加个人独资企业为被执行人。

案例 107　　　　追加投资人

刘某驾驶长领汽运中心的平板挂车发生交通事故，造成两人死亡。受害人家属秦某等起诉要求赔偿，法院依法判决刘某、长领汽运中心连带赔偿受害人 151 万元。因刘某、长领汽运中心拒绝履行生效判决确定的义务，秦某等向巴南区人民法院申请强制执行。长领汽运中心是金某投资设立的个人独资企业。事故发生后，金某将该企业全部转让给李某，办理了工商变更登记。由于长领汽运中心无财产可供执行，法院作出裁定追加金某为被执行人，冻结其银行存款 195 万余元。金某不服，提出执行异议，法院驳回其执行异议。金某仍不服，以其不是长领汽运中心实际经营人或实际投资人，肇事车辆的实际车主是刘某，且已经法院民事判决书确认，原执行裁定书适用法律错误、程序违法为由向上级法院申请复议。

复议法院认为：依据最高人民法院《关于人民法院执行工作若干问题的规定（试行）》，“被执行人为无法人资格的私营独资企业，无能力履行法律文书确定的义务的，人民法院可以裁定执行该独资企业投资人的其他财产。”当个人独资企业系被执行人，原投资人为逃避债务将该企业转让给新投资人，原投资人对企业的债务仍应承担清偿责任，法院可以在执行程序中直接裁定执行原投资人的其他财产，提高执行效率。金某作为事故发生时长领汽运中心的投资人，应当对长领汽运中心的债务承担清偿责任。金某在事故发生后不主动承担履行清偿义务，而是将长领汽运中心转让给他人，系逃避债务的行为，执行法院裁定追加金某为被执行人，符合法律规定。

【案例分析】

个人独资企业，是指由一个自然人投资，财产为投资人个人所有，投资人以其个人财产对企业债务承担无限责任的经营实体。我国《个人独资企业法》规定：“个人独资企业财产不足以清偿债务的，投资人应当以其个人的其他财产予以清偿。”据此，投资人是个人独资企业的最终责任主体。个人独资企业可转让，转让的内容包括财物、权利及事实关系构成的企业财产及债务的概括转让。基于对债权人合法权益的保护，债务的转移未经债权人同意，不得对抗债权人，即个人独资企业被转让的，原投资人对转让前的债务仍应承担清偿责任。

因为个人独资企业财产为投资人个人所有，所以投资人作为被执行人时，法院可以直接执行该个人独资企业的财产，无须追加个人独资企业为被执行人。就案例中当事人的关系而论，如现投资人李某成为被执行人，法院可以直接执行长领汽运中心名下财产；如原投资人金某成为被执行人时，法院不得执行长领汽运中心名下财产，因为长领汽运中心作为个人独资企业已经被金某转让至李某名下，该企业不再属于金某所有。

◆ 2. 个体工商户与经营者

个体工商户的字号为被执行人的，人民法院可以直接执行该字号经营者的财产，无须追加经营者。个人经营的，执行个人财产；家庭经营的，执行家庭财产；无法区分的，以家庭财产承担。

个体工商户的经营者为被执行人的，是否可以执行个体工商户的财产法律并无明确规定。参照个人独资企业的规定，人民法院理应可以直接执行该个体工商户的财产，无须通过追加程序。

案例 108　　个体工商户

自 2015 年 6 月，张某受聘于深圳某园艺部。2015 年 9 月，张某在劳动期间因工负伤，该园艺部便将其辞退并拒绝支付张某工资、解除劳动合同赔偿金及工伤医疗费。张某通过劳动仲裁部门仲裁及法院诉讼判决：深圳某园艺部应支付张某工资、违法解除劳动合同赔偿金及工伤医疗费共计 10 万余元。判决生效后，2017 年 5 月，张某申请强制执行。

法院向深圳某园艺部及工商登记经营者刘某发出执行通知书，并对其全国财产进行查询，均未发现深圳某园艺部及刘某有可供执行的财产；该园艺部工商登记也处于注销状态。经深入调查发现：该园艺部的经营者虽然登记为刘某，但是原登记经营者系李某，而且该园艺部经营者的变更刚好发生在张某向劳动部门提起仲裁期间。

法院认为：个体工商户经营者的变更就法律意义而言，并不能改变前经营者承担变更前债务的法律责任，故本案该园艺部的前经营者李某应该对本案债务承担履行责任，应追加李某为本案被执行人，故依法裁定追加李某为本案被执行人。李某到法院签收裁定书两天后请求法院召集双方和解。经协商，双方签订了执行和解协议，由李某向申请执行人张某支付 8.5 万元，张某同意放弃其他债权的追索，案件执行完毕。

【案例分析】

在诉讼中，有字号的个体工商户以营业执照上登记的字号为当事人，但应同时注明该字号经营者的基本信息。个体工商户既不属于法人企业，也不属于其他组织，有字号的个体工商户与无字号的个体工商户，在诉讼当中列为主体时，只是在称谓上有所区别，但双方在承担民事责任时并无实质上的区别。因此，经营者本身就是被执行主体，不存在追加问题。在变更经营者的情形下，原经营者应对变更前的个体工商户的债务承担责任并无异议。这一点与个人独资企业相同。那么对原经营者是可以直接执行还是要追加，没有规定。案例中法院通过裁定追加了原经营者。

◆ 3. 农村承包经营户与经营者

农村承包经营户，指与农村集体经济组织通过承包合同的方式，依法取得农村土地承包经营权，从事家庭承包经营的农村集体经济组织的成员。农村承包经营户是一种特殊民事主体，它不必经工商管理部门核准登记，也不能起字号，享有特殊的民事权利能力和民事行为能力。农村承包经营户的主要权利为在其合同财产范围内，享有对土地、山林、水面、滩涂等生产资料的生产经营权等各项权利。农村承包经营户是特定历史时期与政策的产物，能否作为独立的民事主体与诉讼主体在实践中并无定论。在具体案件中，没有法律规定的情况下可以参照个体工商户的相关法律规定进行裁判。依据、参照《追加规定》第 13 条规定，农村承包经营户为被执行人的，人民法院可以直接执行从事农村土地承包经营的农户财产，无须追加被执行人，经营农户承担无限连带责任。事实上由农户部分成员经营的，以该部分成员的财产承担无限连带责任。从事农村土地承包经营的农户为被执行人的，参照个人独资企业与个体工商户的相关规定，人民法院同样可以直接执行农村承包经营户的财产，无须追加被执行人程序，农村承包经营户承担无限连带责任。

◆ 4. 合伙企业与合伙人

根据《追加规定》第 14 条与《合伙企业法》的相关规定，作为被执行人的合伙企业不能清偿生效法律文书确定的债务，申请执行人申请变更、追加普通合伙人为被执行人的，人民法院应予支持，普通合伙人承担无限连带责任；申请执行人申请变更、追加未按期足额缴纳出资的有限合伙人为被执行人，人民法院应予支持，有限合伙人在未足额缴纳出资的范围内承担责任。

合伙企业财产独立于合伙人，合伙人作为被执行人的，不能直接执行合伙企业财产，也不得追加合伙企业为被执行人。但法院可以执行合伙人在合伙企业中的应得的利润与财产份额。关于合伙人在企业中财产份额的执行，普通合伙与有限合伙有所不同。由于普通合伙企业的人合性，根据《合伙企业法》规定，在未经其他合伙人一致同意的情况下，普通合伙人不得向合伙人以外的人转让其在合伙企业中的财产份额；合伙人之间转让在合伙企业中的全部或者部分财产份额时，应当通知其他合伙人。因此，法院在执行过程中也不得在未经其他合伙人一致同意的情况下强制执行普通合伙在合伙企业中的财产份额。人民法院强制执行合伙人的财产份额时，应当通知全体合伙人，其他合伙人有优先购买权；其他合伙人未购买，又不同意将该财产份额转让给他人的，应为该合伙人办理退伙结算。而有限合伙企业的资合性更强，人民法院可以强制执行有限合伙人的财产份额。在同等条件下，其他合伙人有优先购买权。

◆ 5. 法人分支机构与法人

作为被执行人的法人，其直接管理的财产不能清偿生效法律文书确定债务的，法院可以直接执行该法人分支机构的财产，无须追加。

如果被执行人是法人的分支机构，不能清偿生效法律文书确定的债务，申请执行人申请变更、追加该法人为被执行人的，人民法院应予支持。如法人直接管理的责任财产仍不能清偿债务的，人民法院可以直接执行该法人其他分支机构的财产。

注意，法院首先应对企业法人的分支机构执行穷尽，在采取必要的执行措施后，分支机构仍不能清偿债务，在确无财产可供执行的前提下，才能裁定追加企业法人为被执行人。在司法实践中，法院常因分支机构的财产变现缓慢或变现困难，或根本就未对分支机构的财产进行详细查询，而直接裁定追加企业法人为被执行人。这种做法违背了法律的规定。根据法律规定，总公司承担的是补充清偿责任，而非连带赔偿责任。

案例 109　执行追加

（2013）中法民二终字第 609 号，何某与郭某案外人执行异议之诉案中，法院认为：执行案件中，企业法人无财产可供执行时，可执行其分支机构的财产，但承包人提出执行财产属于其投入及收益的范围，则承包人就执行标的享有足以排除强制执行的民事权益的，法院应判决不得执行该执行标的。

【案例分析】

在商业活动中，企业法人的分支机构常常由他人承包或租赁，分公司在实质上是他人投资设立的，或收益归他人所有。对此情形，本案认为分支机构的财产为他人投资、收益的，可以排除强制执行。但是这里还有一个内部关系能否对抗债权人的问题。法律已经规定了企业法人与其分支机构的责任形式，即先用分支机构自己的财产清偿债务，不足部分由企业承担补充责任。而分公司与企业通过承包合同对双方责任承担规则做了约定，属于内部约定，能否对抗债权人呢？笔者认为是不能的，除非债权人一开始就知道该内部责任约定。

◆ 6. 其他组织与责任承担者

个人独资企业、合伙企业、法人分支机构以外的其他组织作为被执行人，不能清偿生效法律文书确定的债务，申请执行人申请变更、追加依法对该其他组织的债务承担责任的主体为被执行人的，人民法院应予支持。本条款为兜底条款，只要对其他组织的债务有承担责任的主体，在其他组织不能清偿债务时，申请执行人追加其为被执行人的，法院均应支持。

◆ 7. 未履行出资义务者

法人以其自身资产对外承担民事责任。注册资本是公司责任能力的重要表征，也是其他市场主体对其承担民事责任能力的重要判断标准之一。其他市场主体基于注册资本而对公司民事责任能力产生信赖。如果股东未按照公司章程规定履行出资义务，就意味着公司的实际财产并没有达到其通过工商登记向社会公示的水平，这就可能造成其他市场主体丧失掉信赖利益。所以，为了避免这种情况，当企业法人无能力清偿债务时，股东应在其未依照公司章程中承诺缴纳出资的范围内，对公司债务承担连带清偿责任。即使股权已转让，原股东仍应在其承诺的出资范围内承担责任。

作为被执行人的企业法人，财产不足以清偿生效法律文书确定的债务，申请执行人申请变更、追加未缴纳或未足额缴纳出资的股东、出资人或依公司法规定对该出资承担连带责任的发起人为被执行人，在尚未缴纳出资的范围内依法承担责任的，人民法院应予支持。股东未依法履行出资义务即转让股权，申请执行人申请变更、追加该原股东或依公司法规定对该出资承担连带责任的发起人为被执行人，在未依法出资的范围内承担责任的，人民法院应予支持。

案例 110　追加股东

海晶公司、昆仑公司、中油华气公司合同纠纷一案中，法院判决确定由昆仑公司偿付海晶公司债务总额4660万元，并由中油华气公司承担连带清偿责任。因昆仑公司未履行义务，海晶公司向重庆高院申请强制执行。在执行过程中，因被执行人中油华气公司未能履行清偿义务，海晶公司申请追加中油华气公司的股东华油公司为被执行人，由华油公司在出资不实的范围内承担清偿责任。经查：华油公司作为中油华气公司的开办单位，其注册资金出资不实的金额为2200万元，重庆高院裁定追加第三人华油公司为被执行人，在欠缴出资的2200万元范围内对申请执行人海晶公司承担责任。华油公司对上述追加裁定不服，向重庆高院提出异议。重庆高院认为：执行法院依法裁定追加华油公司为被执行人并由华油公司在注册资金不实的范围内承担债务清偿责任，并无不当，驳回了华油公司的异议。

◆ 8. 抽逃出资者

作为被执行人的企业法人，财产不足以清偿生效法律文书确定的债务，申请执行人申请变更、追加抽逃出资的股东、出资人为被执行人，在抽逃出资的范围内承担责任的，人民法院应予支持。与未履行出资义务者一样，股东、出资人抽逃出资的行为同样减少了公司资产，使得公司责任能力变弱，会损害公司债权人的利益。当公司财产不足以清偿债务时，股东、出资人应在抽逃出资的范围内承担清偿责任。

◆ 9. 一人有限责任公司

作为被执行人的一人有限责任公司，财产不足以清偿生效法律文书确定的债务，股东不能证明公司财产独立于自己的财产，申请执行人申请变更、追加该股东为被执行人，对公司债务承担连带责任的，人民法院应予支持。

公司是独立的市场主体，具有独立人格，这是公司的特性所决定。但在特定情形下，法律可以否认公司人格独立性，责令特定公司股东直接承担公司的义务和责任，这就是通常所说的“刺破公司面纱”。《公司法》规定，公司股东滥用公司法人独立地位和股东有限责任，逃避债务，严重损害公司债权人利益的，应当对公司债务承担连带责任。

在有两个以上股东的公司中，股东相互制衡，公司与股东人格混同的举证责任在公司债权人方，债权人必须证明股东与公司人格混同，才能要求股东对公司债务承担连带责任。而在一人公司中，由于股东只有一个，说一不二，股东意志完全可以决定公司意志，极易出现股东与公司人格混同，从而损害债权人利益。故《公司法》规定了特别条款：一人公司中，由股东自己来证明公司财产独立于其个人财产。无法证明的，推定人格混同，股东应当对公司债务承担连带责任。基于此规定，允许申请执行人在执行程序中直接申请追加一人公司股东为被执行人。

但如果一人公司的股东作为被执行人的，不能直接追加该一人公司。但法院可以处置股东的公司股权，执行股权转让款。

案例 111　夫妻公司

（2018）鄂民终 1270 号，猫人公司与青曼瑞公司执行异议之诉案中，湖南高院认为争议焦点为：熊某、沈某出资设立的青曼瑞公司是否属于一人有限责任公司，熊某、沈某应否对青曼瑞公司的债务承担连带责任。首先，青曼瑞公司股东登记一直为熊某、沈某。但熊某、沈某为夫妻，且青曼瑞公司设立于双方婚姻存续期间，故应认定青曼瑞公司的注册资本来源于熊某、沈某的夫妻共同财产，青曼瑞公司的全部股权属于熊某、沈某婚后取得的财产，归其双方共同共有。猫人公司所举证据从一定程度上印证了熊某、沈某均实际参与了青曼瑞公司的管理经营，青曼瑞公司实际由夫妻双方共同控制。上述全部事实表明，青曼瑞公司的全部股权实质来源于同一财产权，并为一个所有权共同享有和支配，该股权具有利益的一致性和实质的单一性。据此应认定青曼瑞公司系实质意义上的“一人公司”。其次，从公司财产混同角度分析，准许一人设立有限责任公司的出发点在于节约创业成本，繁荣市场经济。但该种便利性亦会带来天然的风险性。《公司法》规定的“一人公司”财产独立性举证责任倒置规则就是对该种风险予以规制的措施之一。青曼瑞公司在为同一所有权实际控制的情况下，难以避免公司财产与夫妻其他共同财产的混同。在此情况下，有必要参照《公司法》一人公司举证责任倒置规则，将公司财产独立于股东自身财产的举证责任分配给熊某、沈某。在本院就此事项要求熊某、沈某限期举证的情况下，熊某、沈某未举证证明其自身财产独立于青曼瑞公司财产，应承担举证不能的法律后果。熊某、沈某应对青曼瑞公司涉案债务承担连带清偿责任。猫人公司申请追加熊某、沈某为被执行人具有事实和法律依据。最后，从法律效果和社会效果分析，“夫妻公司”对债权人的利益保护存在天然缺陷，导致债权人与“夫妻公司”发生纠纷时，得不到法律的有力保护，此情况尚待立法及法律适用的完善。

【案例分析】

一人公司无力清偿债务时，申请人可以申请追加股东为被执行人。难点在于，夫妻公司能否视为“一人公司”？司法实践中，执行中的追加采取形式审查标准，所以在执行过程中追加夫妻公司的股东为被执行人不应得到支持。此时，申请人一是可以通过直接提起诉讼的方式请求夫妻股东承担连带责任，二是可以在执行中申请追加，然后在法院驳回追加申请之后提起执行异议之诉。司法实践中，法院在审判程序中对夫妻公司能否视为一人公司意见不一。本案例中的沈某、熊某无财产分割协议，且在结婚后成立公司，所以法院认定青曼瑞公司系实质意义上的“一人公司”，以适用一人公司中的举证责任倒置规则，由股东证明公司财产是否独立。

◆ 10. 公司注销前的股东清算责任

作为被执行人的公司，未经清算即办理注销登记，导致公司无法进行清算，申请执行人申请变更、追加有限责任公司的股东、股份有限公司的董事和控股股东为被执行人，对公司债务承担连带清偿责任的，人民法院应予支持。本条规定基于《公司法解释二》的规定：有限责任公司的股东、股份有限公司的董事和控股股东因怠于履行义务，导致公司主要财产、账册、重要文件等灭失，无法进行清算，债权人主张其对公司债务承担连带清偿责任的，人民法院应依法予以支持。

公司成立后，进入市场从事一段时间的经营活动后几乎必然形成了大量法律关系，牵涉到诸多利益主体。因此，法律规定公司须通过严格的清算程序，对所有的权利义务做一个彻底的了结后才能注销。如果公司未清算，负有责任的人员应承担清偿债务的责任。在公司注销前，债权人可以通过诉讼主张股东承担连带责任；公司注销后，债权人既可以通过诉讼主张该要求，也可以在执行程序中直接申请法院追加负有责任的股东承担连带责任。

在适用上述条款过程中，一些法院的裁决不适当地扩大了部分小股东的清算责任，导致出现利益与责任失衡的结果。因此，《九民会议纪要》对上述条款中的“怠于履行义务”进行了规范，是指有限责任公司的股东在法定清算事由出现后，在能够履行清算义务的情况下，故意拖延、拒绝履行清算义务，或者因过失导致无法进行清算的消极行为。股东举证证明其已经为履行清算义务采取了积极措施，或者小股东举证证明其既不是公司董事会或者监事会成员，也没有选派人员担任该机关成员，且从未参与公司经营管理，以不构成“怠于履行义务”为由，主张其不应当对公司债务承担连带清偿责任的，人民法院依法予以支持。

◆ 11. 公司注销过程中的第三人承诺

作为被执行人的法人或其他组织，未经依法清算即办理注销登记，在登记机关办理注销登记时，第三人书面承诺对被执行人的债务承担清偿责任，申请执行人申请变更、追加该第三人为被执行人，在承诺范围内承担清偿责任的，人民法院应予支持。

依法理，清算是公司退出市场的前置程序。然而现实中，由于投资者法治意识不强、公司行为不当、制度不完善等原因，不再继续营业的公司很少会主动办理注销的，大量公司“僵而不死”，使得公司注销制度流于形式，直接加重了基层的统计与执法负担，同时使国家经济统计数据存在水分，影响经济决策。基于这一现实，部分地方的工商登记机关试行了简易注销制度，主要做法是用股东承诺代替清算程序，使得部分公司越过清算程序直接退出市场，得以注销。依承诺，股东应对公司未清偿之债务承担清偿责任。

案例 112　　追加承诺人

（2018）京执复 174 号，争议焦点为：股东在注销公司时承诺“公司注销后未尽事宜由全体股东承担”是否符合追加为被执行人的条件？北京高院认为：股东在注销公司时向工商行政管理机关提交的股东会上作出的“公司注销后未尽事宜由全体股东承担”决议，应当视为对公司注销时未了债务承担清偿责任的承诺，属于《最高人民法院关于民事执行中变更、追加当事人若干问题的规定》第 23 条规定的“第三人书面承诺对被执行人的债务承担清偿责任”的情形。因此，马某的复议理由成立，其申请追加张某一、张某二为（2018）京 01 执 46 号案件被执行人的请求，应当予以支持。

【案例分析】

《公司法司法解释二》规定，公司未经依法清算即办理注销登记的，股东或者第三人在公司登记机关办理注销登记时承诺对公司债务承担责任，债权人主张其对公司债务承担相应民事责任的，人民法院应依法予以支持。上述规定构成了学理上的对公承诺制度。对公承诺制度中，股东或第三人在公司注销登记时所作承诺有效，应对公司未清偿之债务承担清偿责任。因此，案例中的全体股东应对公司未清偿之债务承担偿还责任。

◆ 12. 法人或其他组织与无偿受让财产者

作为被执行人的法人或其他组织，被注销或出现被吊销营业执照、被撤销、被责令关闭、歇业等解散事由后，其股东、出资人或主管部门无偿接受其财产，致使该被执行人无遗留财产或遗留财产不足以清偿债务，申请执行人申请变更、追加该股东、出资人或主管部门为被执行人，在接受的财产范围内承担责任的，人民法院应予支持。

此类情况下的法人或其他组织类似于自然人死亡。自然人死亡后，遗嘱执行人、继承人、受遗赠人或其他因该公民死亡或被宣告死亡取得遗产的主体应在遗产范围内对死者的债务承担责任。法人或其他组织“死亡”后，无偿取得财产股东、出资人或主管部门同样应在接受的财产范围内承担责任。此条规定与《最高人民法院关于民事执行中变更、追加当事人若干问题的规定》第 10 条法理相同：作为被执行人的公民死亡或被宣告死亡，申请执行人申请变更、追加该公民的遗嘱执行人、继承人、受遗赠人或其他因该公民死亡或被宣告死亡取得遗产的主体为被执行人，在遗产范围内承担责任的，人民法院应予支持。

作为被执行人的法人或其他组织，财产依行政命令被无偿调拨、划转给第三人，致使该被执行人财产不足以清偿生效法律文书确定的债务，申请执行人申请变更、追加该第三人为被执行人，在接受的财产范围内承担责任的，人民法院应予支持。

本条规定着重强制的是“依行政命令”。行政命令易于审查核实，不涉及市场主体间的法律关系，因此法律规定申请执行人可以在执行程序中直接追加。当作为被执行人的法人或其他组织“依自身意思表示”将财产无偿或明显低价转让他人的，可能涉及申请人、被执行人、第三人的实体利益，因此，法院不得在执行程序中直接将财产受让人追加为被执行人，申请执行人可以通过诉讼方式（债权人撤销之诉）撤销财产转让行为。

◆ 13. 执行程序中的第三人承诺

执行过程中，第三人向执行法院书面承诺自愿代被执行人履行生效法律文书确定的债务，申请执行人申请变更、追加该第三人为被执行人，在承诺范围内承担责任的，人民法院应予支持。

执行过程中，第三人在暂缓执行、执行和解制度中向执行法院提供担保的，当条件成就时，人民法院可以依申请执行人申请及担保条款的约定，直接裁定执行担保财产或者保证人的财产，以担保人应当履行义务部分的财产为限。

案例 113　第三人承诺

最高人民法院（2016）最高法执监 71 号案件执行过程中，被执行人唐某申请法院解除对其限制出入境措施，并由富临公司江苏分公司作为保证人。在唐某未偿还所欠债务的情况下，申请执行人向法院申请追加富临公司江苏分公司及其总公司为被执行人，常州中院予以支持，裁定追加。

最高法院认为：执行过程中追加被执行人，必须严格遵循法定原则；凡法律及司法解释无明确规定，不能扩大自由裁量而超出法定情形追加。本案所涉解除限制出境中的追加保证人问题，目前无任何法律及司法解释予以规定，因此，常州中院追加富临公司及富临江苏分公司为被执行人，缺乏相关法律依据。江苏高级法院及常州中级法院所适用《最高人民法院关于人民法院执行工作若干问题的规定（试行）》第 85 条（修改前），系关于解除财产保全中保证责任的规定，不能扩大解释而适用于解除限制出境中的保证责任。综上，常州中级法院追加富临公司及富临江苏分公司为被执行人并冻结、扣划相应财产的执行行为的，缺乏事实与法律依据，应当予以纠正。

【案例分析】

在执行过程中直接执行保证人的财产必须符合以下条件：（1）保证人向法院承诺担保；（2）在担保范围以内执行；（3）符合承担担保责任的条件。如暂缓执行制度中，通常暂缓执行期满为承担担保责任的条件；执行和解制度中，被执行人未依和解协议履行义务为承担担保责任的条件。而案例中，富临公司分公司提供的是“解除限制出境中的保证责任”，法律既无明文规定，保证人也未在担保文书中向法院明确约定承担保证责任的条件及范围，因此法院追加其为被执行人缺乏法律依据。

◆ 14. 追加被执行人的配偶

现行法律和司法解释并无关于在执行程序中可以追加被执行人的配偶或原配偶为共同被执行人的规定，各地法院在司法实践中关于能否追加配偶为被执行人的做法不一。《北京市法院执行工作规范》规定，不得裁定追加被执行人的配偶为被执行人，申请执行人主张共同债务的，告知其通过其他程序解决。《上海市高级人民法院关于执行夫妻个人债务及共同债务案件法律适用若干问题的解答》认为，执行机构有权在执行中对所涉债务是个人债务还是夫妻共同债务作出判断，符合一定条件时可以追加被执行人的配偶为被执行人。浙江高级法院在《关于执行生效法律文书确定夫妻一方为债务人案件的相关法律问题解答》中认为执行机构可以判断执行依据确定的债务是否属于共同债务，但无须追加配偶为被执行人，可以直接作出裁定查封、扣押、冻结、变价夫妻共同财产或者配偶一方名下财产。

在最高人民法院于2016年11月7日发布了《最高人民法院关于审理涉及夫妻债务纠纷案件适用法律有关问题的解释》和2018年1月16日发布了《最高人民法院关于民事执行中变更、追加当事人若干问题的规定》后，法院在执行程序中追加配偶为被执行人不符合法律规定。

案例114 追加配偶

（2015）执申字第111号，争议焦点为：执行程序中能否以王某所负债务属夫妻共同债务为由追加吴某为被执行人。最高法院认为：执行程序中追加被执行人，意味着直接通过执行程序确定由生效法律文书列明的被执行人以外的人承担实体责任，对各方当事人的实体和程序权利将产生极大影响。因此，追加被执行人必须遵循法定主义原则，即应当限于法律和司法解释明确规定的追加范围，既不能超出法定情形进行追加，也不能直接引用有关实体裁判规则进行追加。从现行法律和司法解释的规定看，并无关于在执行程序中可以追加被执行人的配偶或原配偶为共同被执行人的规定，申请执行人上海瑞新公司根据当时的婚姻法及婚姻法司法解释等实体裁判规则，以王某前妻吴某应当承担其二人婚姻关系存续期间之共同债务为由，请求追加吴某为被执行人，甘肃高院因现行法律或司法解释并未明确规定而裁定不予追加，并无不当，上海瑞新公司的申诉请求应予驳回。但是，本院驳回上海瑞新公司的追加请求，并非对王某所负债务是否属于夫妻共同债务或者吴某是否应承担该项债务进行认定，上海瑞新公司仍可以通过其他法定程序进行救济。

【案例分析】

最高法院在该案中认为，在执行程序中追加配偶为被执行人没有法律依据。若申请人认为配偶应就涉案债务承担责任，可以另行提起诉讼。

对于被执行人的个人债务，能否强制执行配偶名下财产？法律、司法解释对这一问题同样没有规定，法院在司法实践中通常不予执行。但被执行人配偶认为自己对被执行人名下财产有共有权的主张却通常能够得到支持。

《江苏省高级人民法院关于执行疑难问题的解答》第 4 条认为，生效法律文书仅载明被执行人个人为债务人，执行法院可以执行其配偶单方名下的房产、车辆及婚后登记在被执行人和其配偶双方名下的房产、车辆等财产；对于被执行人配偶单方名下及被执行人与其配偶双方名下的夫妻共同财产，原则上以 1/2 份额为限执行。